# 그녀는 강했다

전영모 제9시집

전영모 제9시집

# 그녀는 강했다

초판 1쇄 인쇄 | 2021년 2월 05일
초판 1쇄 발행 | 2021년 2월 10일

지은이 | 전영모
발행인 | 윤영희

펴낸곳 | 도서출판 동행
출판등록 | 제2-4991호

주소 | 서울시 중구 을지로 14길 16-11(2층)
전화 | (02) 2285-2734, 2285-0711
팩스 | (02) 338-2722
이메일 | gongamsa@hanmail.net



값 10,000원

ISBN 979-11-5988-017-9 03810

# 그녀는 강했다

전영모 제9시집

동행

# 저자의 말

## 칠순에 문단에 입문하여 10여년

흔히 몸은 늙었어도 마음은 아직 청춘이라 말한다.

정신의 나이는 육신의 나이에 3분의 2에 불과하다.

마음마저 육신과 똑같이 늙었다고 생각하면 삶이 위축된다.

짧은 기간에 시집 8회, 시조집 3회, 시선집 1회, 도합 11회 출간했고, 공저로 한국대표명시선집 외 다수가 있으며, 막 나비가 되어 날려하는데 따라줄지 걱정스럽다.

모아 놓은 몇 편의 글을 또 한 권의 시집으로 엮어봅니다.

그동안 지도해 주신 선생님들과 격려를 아끼지 않은 문우 선후배 여러분에게 감사드립니다.

이번 제9시집을 엮어주신 도서출판 동행에 감사드립니다.

辛丑年 元月에

孤松 全泳模

CONTENTS

CONTENTS

## 2 바닷가에서

CONTENTS

## *3* 천상의 봄 찾아 떠나시다

CONTENTS

## 4 대숲은 바람을 잡지 않는다

CONTENTS

## 5 진주 남강 유등축제

# 제1부 이제야 철이 드나봅니다

# 이제야 철이 드나봅니다

매서운 겨울바람이 귀때기를 때리고 지나간다
거리에 내린 어둠이 엄습합니다
옷깃을 추켜세우고 앞만 보고 달려왔다
건널목 신호등에 걸려 멈춰서면
건너편 콘크리트 건물이 차갑게만 보인다
잎이 다 진 가로수들도 윙윙 울고 서 있네요

지난 세월을 망각하며 살아왔습니다
나무들도 새싹을 틔우던 봄과
푸르렀던 여름을 망각하고 서 있을까요

팔순을 넘기고
하나둘 떠나는 친구들을 보니
얼마나 더 버틸 수 있을까 하는 마음이 앞섭니다

청춘이 엊그제, 아니 지금도 청춘 같건만
나는 그동안 어떻게 살아왔는지
이제 모든 것을 태울 듯 뜨거웠던 정렬이 식어갑니다
갑자기 천둥 같은 음성이 귀청을 때립니다
너는 팔십 평생 무엇을 남겼느냐
명치에 묵직하게 뭉친 덩어리가 용틀임 칩니다

생각하건대
특별히 내세울 만한 잘한 일도 없지만
그렇다고 아주 잘못한 일도 없는 것 같다
사소한 일로 가족들의 가슴에 멍들게 했던 일들만 떠오른다
그때 왜 그랬을까, 조금만 참았으면 됐을 일들
원수의 불덩이 같던 우지끈한 패기 때문이었을 것이다

젊어 혼자 되신
어머님께 효도 한번 제대로 못하고 자란 막내
가족들에게 참사랑과 행복을 베풀지 못한 죄책감만 듭니다
몸과 마음이 허약해지니
이제야 철이 드나봅니다

# 어머니 4

열여섯 꽃다운 나이에 빈농의 장남과 혼인하여
가난한 살림에도 세네 살 터울로 여섯 형제 낳아
셋은 가슴에 묻고 셋을 키우느라
철 지나고 해 가는 줄 모르고 살아왔다

봄가을 누에 치고 목화 따서
동지섣달 긴긴밤에 물레 돌려 실을 뽑아
날줄을 갈라 늘여 베틀 위에 걸어놓고
눈물 한숨 졸음 섞어 씨줄을 다져넣어
한 치 두 치 늘어난 무명 한 필
시장에 내다 팔아본들 대식구 입에 풀칠

콩 갈아 두부 쑤고 메주 띄워 장 담그고
배추 절여 김장하고 무 뽑아 동치미 담그고
호박고지 무말랭이 넉넉하게 말려
정갈하게 갈무리해 두고 조금씩 꺼내 무쳐 먹고

저녁놀 무렵 들일 마치고
숨이 차도록 바쁘게 들어와
겉보리 절구질해 연기로 삶아 건져
연기에 그을려 어두컴컴한 부엌

희미한 등잔불 아래 흙 부뚜막 지키시며
생솔가지 타던 매캐한 연기에
눈물 콧물 앞치마 자락에 닦으며
밥 짓고 국 끓여 두세 번 차려내고
늦은 저녁 설거지를 더듬더듬 끝마치면
몸뚱이는 젖은 풀솜 천근만근

졸고 있는 등잔불에 바늘귀를 겨우 꿰어
시어른들 옷과 아이들 헤어진 옷을
무거운 눈 올려 뜨고 한 땀 두 땀 꿰매다가
매정스런 바늘 끝이 손톱 밑을 파고들면
졸음은 혼비백산 간데없이 사라지고
정작 본인은 변변한 옷 한 벌 없이

늙고 힘없어 허리 굽으면
영감하고 둘만 남아 가려운데 긁어주며
오순도순 사는 것이 소원이었는데
영감마저 일찍 떠났네

어찌하여 인생길이 그다지도 고단했던가
낙이라곤 모르고서 한평생을 사시다가
서산마루 해 지듯이 새벽별빛 바래듯이 떠나셨네

## 어머니 5

어머니는 부유한 가정에서 태어났지만
공부를 하지 못해 문맹자였다
그 시절
벼슬을 한 집안 아녀자들은 공부를 하였지만
일반 가정에서는 아녀자들에게 글을 가르치지 않았다
그러나 부모나 웃어른들에게 공경하는 예절만은 배웠다
가사와 논밭 농사일만 잘하면 효녀요 효부였다

어머니는 열여섯 꽃다운 나이에
40여 리 떨어진 빈농의 장남에게 시집와
어려운 삶이면서도
시부모에게 공경하고 남편을 잘 받들며 아들 여섯을 낳았다
그중 셋은 죽고 셋만 살았는데 나는 늦둥이 막내였다
어머니는 죽은 자식들을 못 잊어 눈물 마를 날이 없었고
45세에 지아비를 잃고도 그리워할 경황도 없이 지내셨다

가난을 이기려고 허구한 날 들녘일
손발이 부르트고 거북이등처럼 뻣뻣해지고
겨울에는 추위를 이기지 못해 마른논 갈라지듯 쩍쩍 갈라져
피가 흘러도 아프단 말 한마디 못하고
가랑이가 찢어지도록 노력해도 가난을 면치 못하고 사셨다

민들레는 마른 땅이나 길가와 담장 틈새에서 살면서도
꽃을 피우고 씨앗을 여물게 키워 번식하고
자식을 떠나보낸 어미는
빈 꽃대궁만 남은 채 한 해를 마무리하지

가정과 자식을 위해 내 한 몸 불사르며
민들레 같은 삶을 사시다 가신
어머니

## 어젯밤 꿈에

－2020년 3월 2일

42년 전에 세상을 뜨신
어머니
며칠 전 꿈에 나타나셔서
'얘야! 왜 이리 추우냐' 하시며
내 잠자리로 파고 드셨다

설 명절 직전에 산소에 다녀왔는데

꿈이 심상치 않아 고향을 지키고 있는
장조카에게 전화해 꿈 이야기를 하고
산소에 들러 상태를 확인하고 인사드리라 했다

어젯밤에 또 나타나셨다
반백이었던 머리칼이 백발이 되셨고
손톱이 너무 길게 자랐다
그 손으로 나를 어루만지는데 아팠다

자고 일어나니
왼쪽 무릎(관절)이 아팠다
일어서기도 어려웠고
발걸음을 옮기는데도 힘이 들었다

병원을 찾아가 무릎 엠알아이 정밀검사를 신청했다

이상타
나도 이제 팔십이 되니
여기저기 이상이 생길 징조인가

다리 무릎 치료를 마치면
다시 찾아가 인사 드려야겠다

# 검은 흙 한 줌뿐이더라

경자년은 음력 윤4월이 들어 있다
묘를 정리한다든가 가정에 중요 대사를
윤달이 들어있는 해 손 없는 날을 택일하여 행사할 수 있다

4월 11일(음 3월 19일) 손 없는 날을 택일하여
조부모, 부모, 장형부부 산소를 파묘破墓했다
조상님들 묘가 있을 때는
저 곳에 조상님들이 계시다고 항상 든든한 마음으로 고향을 찾았는데
파묘한다니 마음이 편치 않았다

뫼 봉분을 열기 전 제를 올리고 용서를 빌었다
조심스레 흔적을 찾으니
검은 흙 한 줌뿐이더라
흙을 걷어 올려 다시 곱게 만든 후
뫼 자리에 넓게 펼치며
후손 걱정하시지 말고 넓은 세상 훨훨 날며 지내시라 했다

뫼가 있을 때는 고향에 가면 꼭 들려 인사 올렸으며
바쁜 일로 산소에 들리지 못할 때에도
조상님들이 계시는 방향을 바라보며 목례라도 했었는데

뫼를 파묘하고 돌아서려니
마음 한 구석이 텅 빈 것 같고 눈시울이 찡했다
그러나 한편으론

내 대 이후에 누가 와서 산소를 벌초하고 보살필까 하는
마음 떨쳐버리니 후련했다
그래도 명절 때나 기고일
집안에 걱정할 일이 생기면 고향하늘을 바라보게 될 것이다
여우도 죽을 때는 태어난 곳으로 머리를 둔다는 말이 있듯

# 고향 가는 길

멀고도 가까운 고향
해마다 한두 번은 찾았다

얼굴도 모르는
할아버지 할머니 아버지와

마흔넷에 나를 낳고 홀로 되셨던 어머니
어려운 살림에 눈물로 세월을 보내며 사셨다
내 나이 서른여덟 되던 해
82세로 세상을 하직하신 어머니가 계시기에

나는 부모님 임종도 못 지킨 불효자다

2020년 4월
산소(묘)를 파묘했다
마음 한 구석이 허전하고 한편으론 시원하다
그래도
장손과 친족들이 고향에 있는 한 찾을 것이다

산소는 없어졌지만
고향을 찾을 때마다

산소가 있던 곳으로 고개를 돌려보게 될 것이다
이것이 핏줄이라는 인지상정일 것이다

자주 가지는 못하지만
기력이 있는 한 계속 찾을 것이다
멀고도 가까운 고향

# 아내는 강인했다

아내는 고생을 많이 했다
결혼 후 떨어진 생활이 많았다

장교로 임관하기 위해 보병학교와 포병학교를 마치고
소위로 전방 근무하며 생활 준비하는 기간
고향에 내려가 있던 아내
그 기간에 첫 아이를 낳았다

첫째 아들 무영이는
충남 태안군 원북면 마산리에서 태어났으므로 보지 못했고

둘째 큰딸 월아는
1969년 7월 21일 미국의 아폴로 11호가 달에 착륙하던 날
강원도 고성군 간성읍 해상리 단칸방에서 태어났다
내가 직접 산파 역할을 했다
큰형수님께서 조카들 낳는 것을 몇 번 봤지만 준비가 어려웠다
주방에서 할 일을 주인아주머니에게 부탁하고
아이 받는 것은 내가 직접 했다
나는 처음 출산을 돕는 일이라 용수를 흠뻑 뒤집어 썼다
그래도 무사히 출산을 해줘서 고마웠다

셋째 작은딸 민숙이는 큰딸과 5년 터울이다
1975년 음력 정월 보름이 생일이다
경기도 연천군 연천읍 차탄리 단칸방에서 태어났다
출산일이 지났는데도 배가 아프다며 출산할 기미를 보이지 않았다
출산을 돕기 위해 태안에서 큰형수님이 원거리까지 와 기다려도 소식이 없다
기다리다 못한 형수님은 고향으로 가셨다

아내의 고통을 보다 못해 군의관을 불렀다
군의관이 나와서 상태를 살피더니 고무장갑과 비눗물을 준비해오라 한다
아기가 거꾸로 들어 있고 양수는 터진 지 며칠이 되는 것 같아 바짝 마른 상태란다
그래서 아기를 우선 바로 나올 수 있도록 돌려보겠다는 것이다
힘들게 돌려 아기를 뺀 군의관은 땀에 흠뻑 젖어 있었다
잘못했으면 산모와 아기 둘 다 죽을 수 있었다 한다
머리가 쭈뼛 일어서며 놀란 토끼처럼 하고 있으려니
군의관이 태 묶을 실을 달라기에 가져다 주고
아기와 산모를 따뜻한 물로 씻기고 덮어준 다음
부엌으로 들어가 미역국과 밥을 지어 아내에게 주었다

눈물겨운 일이었다

산후조리를 도와 줄 시간도 없이 3일 만에
광주 포병학교 고등군사반 교육 받으러 떠났다
아내는 산후조리도 못하고 어린것들을 데리고 화목(火木)하러 산에 다녔고
내가 전근할 때마다 아내 혼자서 짐을 싸가지고 이사했다
당시엔 이사할 정부지원책이 없었다
생활비를 줄여 어렵게 조금 모은 돈은 이사비용으로 도로에 깔았다
그러하니 항상 살림이 어려웠다
또한 거주 대책도 없었다
매월 월세 부담에 생활고는 더욱 심각했다

아내의 짠돌이 살림으로
아들 딸 모두 결혼시키고 손주들이 다섯이나 된다
또한 서울의 산동네에 작지만 내 집을 마련하여
이제는 안정된 삶을 살고 있다

# 은비녀

정원마다 피어 있는
순백의 옥잠화

가난 때문에
은비녀 한 번 꽂아보지 못하시고
반백의 쪽머리에
나무비녀를 꽂고 사셨던
어머니

늦었지만
어머니에게
은비녀 하나 드리렵니다

# 봄의 序曲

오늘이 입춘이건만
제자리걸음하는 대한의 봄

중국발 우한코로나 바이러스
어둡고 침울한 봄이지만
살 에는 맹추위가 한풀 꺾기고
봄소식을 싣고 오는 멜로디에
시린 가슴 다독이며
풀은 어린아이의 젖니가 나듯 노란 새싹이 돋기 시작하고
앙상한 나뭇가지 끝에 송아지 뿔처럼 새순이 움트려 한다

산수유는 전국 방방곡곡에 노랑꽃을 피우고
농촌의 논밭 둑과 들녘에 쑥과 머위가 푸릇푸릇 돋아난다

산천은 붉고 푸르러지겠지만
코로나 바이러스는 언제쯤 소멸될 것이며
얼어붙은 정국은 언제 풀릴지

# 봄은 그렇게 오는가 보다

굳은 심지로 버티던 동토
샛바람 불어오며 햇살이 따스해지니
동토도 슬그머니 풀린다

꽃을 보면 볼수록
빛깔도 곱고 색깔도 곱다
꽃을 만져본다
연인 같은 부드러움 빛깔도 만질 수 있다

나는 꽃을 만지며 부드럽고 감미로움을 느낀다
꽃도 나의 따뜻한 숨결을 느낄까
너와 나
그렇게 만나 봄이 되는구나

동면에서 깨어난 나뭇가지 끝에 연초록 새순
봄을 맞이하려 한다며 웅성거린다
땅속 열기와 태양의 열기
수목과 꽃의 빛깔과 향기로

봄은 그렇게 오는가 보다

# 섬진강변의 봄

수많은 이야기들이 숨어 있는 섬진강 5백리길

전라도와 경상도 사람들이 함께하는 화개장터
매실산지가 바로 섬진강변이며
차와 재첩의 산지로 인정이 넘쳐흐르는 동리
박경리의 대하소설 '토지'도 섬진강변 하동이 주 무대

겨울의 때가 다 씻기기도 전
이른 봄부터 늦봄까지
비탈진 산언덕에 팝콘 튀겨 놓은 듯 매화꽃들이
강가를 수놓고 있다
벚꽃도 만발 한다
벚 굴 캐는 어부들의 손길이 바쁘고
재첩잡이도 이때가 한창이다
강변에 노점상이 우후죽순처럼 생긴다

꽃그늘에 주안상 차려 놓고
벚 굴 구이와 곡주 한 잔
매화와 벚꽃 향기에 취해
남도창이 저절로 나오는구나
야! 소리가 절로 터져나는 매화진경의 계절

## 목련이 피기까지

필연코 준비되지 않은 봄은 없다
목련은 어느 날 갑자기 피지 않는다

해마다 입동 무렵
잎도 없는 앙상한 가지 끝에
모필 같은 꽃봉오리를 맺고
동지섣달 설한풍에 모두가 겨울잠 잘 때
춥고 긴 겨울을 덜덜 떨면서 견뎌내고
벌써부터 이렇게 준비하고 있었다
아직 오지도 않은 봄인데

입춘 무렵 벙글기 시작하여
꽃샘추위와 차가운 봄비를 견디면서
그리도 맑고 고운 모습으로
청아하게 피어나나 봅니다
목련은

# 꽃들의 향연

동백은 강인했다
엄동설한에 꽃망울 맺어
봄눈을 머리에 이고 피어나더니
여타 봄꽃들이 피기 전
봉오리 채 뚝 떨어지는 애잔함이여

목련도 동백에 질손가
모필 모양의 꽃망울이 엄동설한을 이겨내고
우수 경칩에 어머니 치마폭 펴듯 펼치더니
춘분 지나 청명절이 되니 한 폭 한 폭 떨어져
상춘객들의 발길에 짓밟혀 흉물스럽구나

개나리 산수유가 산과 들을 노랗게 물들일 때
매화는 옥양목을 널어놓은 듯 피어나고
홍매화는 잘 다듬어진 옥양목에 붉은 자수를 놓은 듯
진달래는 키가 작아도 참꽃이라 불러주니 으뜸이라 으스대고
자줏빛 제비꽃은 연인들과 꼬마손님들이 찾아와 꽃반지 만들어
주고받는 모습을 보니 즐겁다 한다

제주도부터 시작한 벚꽃
진해 경주 구례 쌍계사 십리길 서울 한강변과 남산에서

상춘객들을 불러들여 흥겨운 놀이마당을 만들어 주니
어찌 즐겁지 않으랴

라일락은 동백 목련 매화 진달래가 다 질 무렵
느지막이 홀로 피어 특유의 짙은 향기로
먼 거리에 있는 연인들을 불러 향연을 즐기겠다 하니
점잖게 기다리던 아카시는
꿀 중의 꿀을 흠뻑 담은 꽃자루를 내걸며
이제야 내 세계가 돌아왔다며 벌 나비를 불러 모은다

봄꽃들의 향연은 이렇게 막을 펼친다

# 꽃길 따라 삼천리

제주에서 동백꽃이 오라 한다는 기별이 왔다
꽃봉오리에 흰 고깔 뒤집어 쓴
붉은 꽃
며칠도 안 되어
전장에서 칼에 맞은 머리가 나뒹구는 듯 뚝뚝 떨어진다
애잔하다

섬진강변 매화는 옥양목을 펼쳐놓은 듯하고
홍매화는 그 고운 옥양목에 자수를 놓은 것 같더라
쌍계사 십리 길에 벚꽃이 만발하니 상춘객이 몰려든다
섬진강에서 재첩잡이와 벚 굴 채취하는
어부들의 손길은 바쁘고 상춘객은
벚 굴 구이에 막걸리 한 잔
남도타령으로 흥을 돋우며 하루를 보냈다

진해 왕벚꽃 축제와
신라고도 경주의 가로수 벚꽃 구경 마치고
동해 포항으로 달려가
싱그러운 해풍을 맞으며
생선회를 곁들여 저녁을 먹고
바닷가를 걸으며 야경을 구경했다

이튿날 아침 여명에 해맞이를 위해 바닷가로 나가
수평선을 붉게 물들이며 솟아오르는 태양을 바라보며
가족의 평안과 나라의 안정을 빌었다
짭조름한 바닷내음과 울창한 방풍림 짙은 향기
소나무 위에 흰 꽃을 보았다
풍경이 아름다웠다
텃새가 되어버린 백로
짝을 포옹하느라 날개를 활짝 펼친 독무대

서울로 올라와
여의나루 벚꽃과 남산 둘레길 벚꽃을 구경하고
다음날엔 북한산 진달래 능선을 올랐다
등산로 길섶에 배낭을 베고 누워 푸른 하늘을 바라보며
참꽃 잎 몇 개 따 입에 넣으니 향긋하다
봄은 왜 그리 짧은지
내 인생도 그렇게 빨리 가는구나

# 자연보호 캠페인을 마치고

꽃의 계절
5월 둘째 주 목요일
독립공원 자연보호 캠페인을 마치고
홀로 인왕산 등산을 했다
라일락꽃이 한창이다
꽃은 작아도 특유의 향기가 멀리 퍼진다

젊은 날의 추억이 아른거린다
청순한 얼굴 연보라 여린 빛
그녀가 꽃잎을 따 주던 모습이

호박꿀벌 한 마리 날아와 이 꽃 저 꽃
넘나들며 꿀을 따고 있다

꽃이 지면 추억이 사라질 것 같아
마음속 가득 담아왔다

* 2019년 5월
독립공원 자연보호캠페인을 마치고 홀로 등산

# 새싹들이 말하다

지난겨울은 춥지 않았다
그래도 겨울은 겨울이었다
푸를 날을 위해 인고의 세월
혹독히 보냈다

일찍 찾아온 봄 날씨에
몸이 근질거려
조금 빠르게 세상에 나왔더니
우리를 반기는 사람들이 없구나!
'우한코로나'라는 역병이 돌아
세상을 떠들썩하게 만드니

모든 사람들이
모자 푹 눌러 쓰고
눈 보호 안경 콧등에 걸치고
입 가리개하고 서로가 외면하니
아는 사람이 옆을 지나쳐도 모르고

일찍 나온 것이 후회스럽다고

# 라일락

엊그제 봄꽃들이 피는가 싶었는데
벌써 막바지 봄꽃들이 떠나네요

봄꽃 중에 가장 진한 향기를 내뿜는 라일락꽃
개화는 지역에 따라 다르지만
중부지방은 5월 초순에 만개한다
맑고 고운 봄날
곡우에 내린 비에도 아랑곳하지 않고
곱게 피어 향을 내뿜는 라일락 향기는 더해가고 있다

꽃말은 '사랑'이며 일명 '라라꽃'이라 부르기도
색상도 예쁘지만 향기 또한 너무 좋아 사랑을 한 몸에 듬뿍
대부분 봄꽃들은 일주일을 넘기지 못하지만
라일락꽃은 개화 기간도 길고 향이 짙다

라일락꽃은 진자주색으로 맺어 연자주색으로 피었다가
질 무렵에는 하얀색에 가까운 색상으로 변해간다
처음 피었을 때 향기를 진하게 풍기지만
색을 잃어가는 꽃에서는 꽃내음을 느낄 수 없다

갑자기 어리호박벌 한 마리 날아와 꿀을 모으고 있다

생김새는 우직스럽지만 사람에게는 피해 주지 않는다

올해는 연초부터
우한코로나에다 4.15총선을 위한 정당 간 보이지 않는 싸움에
많은 국민이 어려움을 겪고 있다
지방마다 봄꽃축제는 취소되었지만 출입은 가능하다
가까운 정원이나 산에 올라 꽃들이 뿜어내는 향기 맡으며
답답했던 마음을 훌훌 날려버리자

## 봄의 끝자락에서

여름에게 계절을 넘겨주고 있는 봄
벌써 여름이 성큼 다가온 열기다
입하立夏는 내일인데

시집 한 권 물병 하나 들고
남산 끝자락 다산동 팔각정에 올랐다

갑자기 더워진 날씨 탓인지
만개했던 봄꽃들이
아름답게, 의미 있게, 제 본분을 다했다며
낙화되어 바람에 흩날린다

저 봄꽃들처럼 왕성한 혈기로 살아왔던 나
어느새 내리막길 인생이 되었다

등산객들은 잡다한 말들을 쏟아놓고
봄을 안고 떠난다
해는 어느덧 서산으로 뉘엿뉘엿

봄날은 길다 했건만
언제부터인지 봄 자체가 짧아졌다

# 계단

계단은 누구나 싫어한다
어린이와 노인

장애자와 치매환자

어린이와 치매환자는 계단 있는 곳이나
산에 가면 무조건 올라가기만 한다
그래서 길을 잃는 경우가 많다

팔순이 되니
무릎 관절에 쓸 만큼 썼다는 신호가 왔다
MRI 촬영을 해보니 연골이 다 됐다 한다
이제 등산은 생각지도 말고
무리하게 걷거나 계단을 오르내리는 것을 삼가라 한다

계단을 오를 때는 그런대로 견딜만 하지만
내려갈 때는 난간을 잡고 한 계단 한 계단 내려가야 한다
다리가 불편한 장애자들 생각이 떠오른다

그러한데도

둘레길 산책길 등산로 등 곳곳에 계단이 생긴다
장애자와 노인들을 배려하는
계단 없는 생활시설을 활성화했으면

# 제2부 바닷가에서

# 바닷가에서

음양이 맞닿는 피안의 세계
하늘과 바다의 끝이 만나는 끝자리

바다는
흔들리는 여심의 마음을 잠재우거나
강인한 권력의 야심을 갖게도 하는
정靜적과 동動적을 함께하고 있다

정적인 물이 율동적으로 움직이다가도
언제 역동적으로 변할지 모르는 바다
굴곡진 우리네 인생사
대해의 크고 작은 파도처럼 파문이 일 듯 살고 있다

마음이 울적할 때면 저녁노을을 보러
모래가 많은 서해 바닷가를 찾는다
파도가 부드럽게 밀려오는 은빛 모래사장을
맨발로 걸으면 마음이 편안하고 상쾌하다
동적인 거친 파도가 두려울 때도 있지만

잔잔하게 밀려오는 파도
그 옛날 어머니의 주름살을 보는 듯하다

모래사장에 누워 청정하늘의 수많은 별을 보며
어머니의 별은 어느 것이며
내 별은 어디에 있는지
살며시 눈을 감고 파도소리 들으면
얽히고설킨 어지럽던 마음이 안정 된다

# 행복한 삶을 위하여

평화로운 삶을 유지하려면 국력이 튼튼해야 함은
예나 지금이나 다를 바 없다

일제하 36년
나라와 우리말을 빼앗긴 뼈아픈 삶을 겪은 대한민국
1945년 8월 15일 광복을 맞이했으나 반 토막
한국전쟁 때 붉은 무리와 싸우면서 겨우 난국을 극복한
폐허에 가까운 나라를
이승만 박정희 대통령을 중심으로 전 국민이 피땀 흘려 복구했다

공산주의 소련의 지령을 받은 김일성이
1950년 6월 25일 일요일 새벽 남침을 감행했다
대한민국은 국방력이 약해 다시 도탄에 빠지게 되었다
국군은 낙동강까지 밀려 나라의 존폐가 갈림길에 놓였을 때
민주 우방국들이 그를 용납하지 않았다
연합군은 진격에 진격을 거듭하여 압록강까지 밀고 올라갔다

통일을 눈앞에 둔 시점에 중공군의 개입으로
나라는 다시 반 토막 상태로 휴전을 맺게 되었다
이렇듯 국력이 강해야 평화를 누릴 수 있다는 경험을 했다

북한과의 통일전선에서 밀리지 않으려면
경제력과 국방력이 우위에 있어야 민주적인 통일을 이룰 수 있는데
주사파와 종북자들이 적화통일을 꾀하려 하니 안타깝다

국력이 강해야
나라의 평화와 국민의 안녕을 보장할 수 있다
국민들은 동요되지 말고 혼돈하지 말기를

## 외롭다 하지마라

한적한 산골짝에
이름 모를 들꽃 한 송이

그 자태 하도고와
지나가는 등산객들마다
휴대폰 카메라에 모습을 담는다

화려한 꽃 정원에 섞여 있다면
꽃이 피기도 전
잡초라며 뽑혔을 들꽃

너 홀로 이곳에 있으니
사람들과 벌 나비들의
사랑을 독차지하지 않느냐

그러하니
행복하다 하여라

# 연잎같이 살자

푸르고 싱싱한 연잎
잎을 받친 줄기도 곧고 싱싱하다

장대 같은 소낙비가 쏟아지고
장마에 홍수가 진다해도
욕심을 부리지 않고
받을 만큼만 받고 넘치는 양을 버리기 때문이다

인간도 연잎처럼 탐욕을 버리고

# 섭리 3

인생은 난관과 역경으로 가득 차 있다
어렵고 위험한 처지를 겪어본 사람만이
삶의 진가를 터득할 수 있다

모진 바람이 불 때라야
강한 숲을 알 수 있다
잘 나갈 때는 사람이 구름같이 모여들지만
몰락할 때는 썰물처럼 빠져 나간다

추사 김정희의 세한도를 보면
날씨가 추워진 후에야
소나무와 잣나무의 진가를 볼 수 있듯

집안이 가난할 때라야
좋은 아내가 생각나고
세상이 어지러울 때라야
충신을 알아볼 수 있다

아름다운 종소리를 더 멀리 퍼뜨리려면
종鐘이 더 아파야 한다
지금 세상이 아픈 것은

더 나은 나라가 되기 위함인가

서로에게 믿음 주고 하나 되는
미래 지향적인 삶을 살아야 하고
물질적 부자 아닌
마음의 부자로 살아야 하며
물질로 얻은 행복보다
사랑으로 다져진 참사랑으로 살아야 하리

## 섭리 4

부모는 자식에게 더 못 줘 안타까워하고
자식은 부모로부터 더 많이 못 받아 애걸하며
부모가 어떻게 살아왔는지를 인정하지 않으려 한다

태양이 지면 그때가 저녁이듯
인생도 흐르는 세월을 거부할 수 없다
몸이 지치면 짐이 무겁고
마음이 지치면 삶이 무겁다

행복은 내가 스스로 만들어야 하고
행운도 누가 가져다 주는 것이 아니므로
스스로 찾도록 노력해야 한다

욕심은 채울수록 더 큰 것을 바라지만
종국에는 화를 부르게 된다

댐의 수문을 열어야 물이 흐르고
사람은 마음을 열어야 정이 흐른다
부모와 자식 간은 선을 그을 수 없고
항상 서로 돕는 친구처럼 살아야 하리

세상에 잠시 소풍 와 머물다 갈 인생
믿음과 이해로 존중하고
즐겁고 기쁘게 살다 가야지

# 삐비*

조상님들 묘지에 잔디가 사라졌다
어렸을 적 철없던 시절
건넌 골 밭가에 있는 할아버지 산소
고운 잔디 위에서 미끄럼도 타고
따스한 햇살 받으며
낮잠도 자고 했었는데

강인한 번성의 근성을 가진
벼랑을 움켜진 손, 바스대는 풀
띠**가 근역을 완전히 점령했다

속살이 달큼하게 채워진 삐비
하얗게 피기 전 뽑아 먹기도 했다

하얗게 핀 삐비는
바람 불면
강물이 잔잔한 은빛 물결 일듯 보이고
조상님들의
흰 머리칼이 휘날리는 것같이 보이기도

* 삐비 : 띠의 꽃(삘기) 충청 전라지방 사투리
** 띠 : 포아풀과의 다년초 잡초

# 불면

상달* 열닷새 날
잠 못 이루고 뒤척이는데
휘영청 밝은 둥근달이
서녘의 창문으로 들어와
어두운 마음 털어버리라 한다

* 상달 : 음력 시월

# 그러거나 말거나

세계가
우한코로나와 전쟁을 치루고 있는
경자년 3월

대한민국은 당파싸움을 계속하며
각 당은 4월에 있을 21대 총선에 힘을 쏟고 있다

봄은
하늘과 땅
어느 곳이나
모든 사물들에게 다 찾아온다
내 마음의 기준을 어디에 두느냐에 따라
따스한 봄이 될 수 있고 추운 봄이 될 수도 있다

어젯밤부터
겨우내 목말라 하던 대지에
촉촉이 내리는 비
남산엔 아지랑이 자욱하고
나뭇가지와 마른 풀잎 끝에
영롱히 아롱진 물방울이 매달려 있다

병마가 떠돌거나
나라가 시끄럽거나
봄은 눈앞에 바짝 다가와 아른거린다

# 옛집

내가 혼례를 치렀던
옛집 안마당
인적 사라진 지 오래고
대나무가 하객인 양
빽빽이 들어섰네

조상님들께
인사드리러 가는 길목에
서서히 사그라져 주저앉는
빈집

까치와 참새들이 드나들고
고양이와 두더지도 살고
가끔은
바람이 다가와
잠든 대나무를 흔들어 깨워
안부를 묻고 떠나네

# 방주인이 둘

내가 쓰고 있는 조그마한 서실
나 혼자만이 주인인 줄 알았다

그런데
또 하나의 주인이 있다
그는 오후 두 시면 어김없이 찾아와
방을 둘러보며 쉬었다 간다
계절에 따라 쉬었다 가는 시간은 다르지만
대략 두 시간 정도
추우나 더우나
하루도 거르지 않는다

그러나
먹구름 차양이 드리워지거나
비나 눈이 오는 날은
방을 둘러보지 못하고 지나간다

그가 찾아주는 날은
마음이 상쾌하고 좋은 에너지가 생성되지만
찾아주지 못하는 날은
방안 공기가 침묵에 잠긴다

## 방범등(보안등)

도심 골목골목에 서 있는 방범등

미개발지역 산동네엔
골목마다
몇 개씩 큰 눈을 뜨고 있다
골목에 사는
주민들의 안전을 지켜주고
밤손님의 활동을 막기 위한 것인데

때로는
과로에 지쳐 졸거나
제 임무를 다하지 못할 때도 있고
오히려
밤손님의 길을 밝혀주는 역할을 할 때도 있다

방범등에만 의존하지 말고
'꺼진 불도 다시 보자'는 구호처럼
문단속은 불 단속과 같이 해야

# 역사는 밤에 이루어졌다

2년 전 이웃집에서 버린다는
화분 하나 가져왔다
조그만 그 화분에 뿌리내린 선인장
'대성금선인장'이었다

원산지는 남미 안데스 고지대에 자생하는 종류이며
꽃은 개화일이 짧지만 아름답다
열대식물이라 추위에 약하므로 관리하기가 쉽지 않다
물을 많이 주면 뿌리가 썩어 죽는다

겨울에는 집 안 베란다에서 키우고
5월초 햇빛이 잘 드는 옥상에 내다 놓았다
6월 20일경 조그만 꽃망울이 맺기 시작했다
이제나 저제나 피기만을 기다렸다

7월 3일 낮에도 꽃필 기미가 보이지 않더니
밤이 되어서야 피기 시작하여 11시경
미색의 꽃 한 송이가 활짝 웃으며 피었다
대금성선인장의 역사는 밤에 이루어지는가 봅니다
어렵게 이루어진 역사는 3일밖에 지탱하지 못하더라

나를 보기 위해 잘 키워주어 고맙다며
당신을 위해 해마다 곱게 피리라 한다

# 물

너를 부르는 곳이 어디기에
아래로 아래로만 흘러가느냐

벼랑은 뛰어내리고
큰 돌은 비켜 돌아가지만
돌에 부딪쳐 이산이 되거나
크고 작은 상처를 입으며
천 길 낭떠러지를 두려워하지 않는 너
가다가 지치면 크고 작은 연못에 모여
다른 친구들과 만나 술래잡이도 하고
또 다시 헤어져야만 할 천명

소하천을 지나 강으로 강으로 흐르면서도
그 빛만은 변하지 않는구나

가다가다 보면 바다로 들어가겠지
그러나 바다의 짠물과는 융합을 못하지
다시 하늘로 올라가 구름으로 떠돌다
이슬이나 비가 되어 어딘지 모르는 곳으로 떨어져

사람과 조수鳥獸 초목 미물에게까지

없어서는 안 되지만
때로는 악마가 되어
지형을 바꿔 놓고 가옥을 파손시켜
사망자와 이재민을 발생케 하며
국민의 삶을 황폐화시키기도 하는 너

이것이 너의 천명이더냐

# 대상포진

병원균은 누구나 가지고 있다
과로로 피곤하거나
체력이 달릴 때 발병된다

2014년 예방접종을 받았는데
2019년 9월
옆구리에 벌겋게 발진되고 물집이 생겼다
긴급으로 피부과를 찾았다
대상포진이란다

약간의 통증은 있으나 가렵지는 않았다
예방접종했기에 심하지 않다며
일주일분의 복용약과 바르는 약을 처방 받았다

일주일 경과 후 통증은 사라졌으나
발진 부위는 아직 사그라지지 않았다
다시 병원을 찾아 바르는 약을 처방 받았다

고약한 병이지만 수월하게 고쳤다

# 나는 누구인가

삶이란 뒤웅박 같은 것

온 곳도 모르고
갈 곳도 모르고
시간과 공간을 잊어버렸으니

몸은 마음을 포장한 껍데기
마음은 세상을 떠도는 영혼
윤회전생으로 환생한 한 사람일까

나는 누구인가?

# 나목을 보면서

이겨낼 수 있다

혼탁한 정국과 우한코로나로
봄여름 가을
녹음방초 우거진 숲속
꽃구경 새들의 고운 노랫소리
보지도 듣지도 못했으며

친인척과 지인들 간의 모임
관혼상제에도 마음 편히 가지 못해도
누구 하나 불평 한마디 하지 못하고
서로가 서로를 감시하는 세상

믿었던 가냘픈 끈마저 끊기고
옷마저 훌훌 벗기려 하니
맹추위에 웅크린 채 동안거에 들었다

초연한 마음으로 원칙을 준수하며
나목처럼 인내와 끈기로
보이지 않는 지저地底의 기운을 모아
묵묵히 내일을 준비하며

뿌리의 힘을 기르자

정의는
새봄을 맞아
새싹이 움틀 것이다

## 베트남 작가들과의 문학교류

-2019년 10월 14일~15일

코끝이 찡했다
베트남이 월남과 월맹으로 분단 전쟁 때
자유우방국인 월남에 참전했었다
월남민들의 호응은 밝지 않았다
우방국들은 많은 인원과 물자의 손실을 보고 철수했다

월남은 패전국이 되었고
월맹은 공산화 통일을 이루었다
많은 인원이 숙청되거나 외국으로 망명하였으며
망망대해에서 보트피플 생활을 하다가 수장되기도 했다

월맹은 통일 후 국명을 베트남으로 바꾸었다
공산주의에서 사회주의로 전환하며
대한민국의 새마을운동을 모델로 나라의 재건을 이루었다

사십여 년이 지난 현재
획기적인 발전으로 경제 강국이 되어가고
국민의 삶도 개선되어 가고 있다

베트남도 이제는 문학에 눈을 뜨기 시작했다
한국현대시인협회 초청으로

베트남 작가 열세 명이 대한민국을 찾았다
대한민국의 아름다운 항구도시 부산 해운대 한 호텔에서
대한민국과 베트남은 오래 전 중국의 문학을 토대로
불교사적 이론에 맞춰 문학발전이 이루어졌다는
한국문학과 베트남문학의 비교 심포지엄을 가졌다

동백섬과 해양박물관을 둘러보았다
한국과 베트남은 바다를 끼고 있는 나라
열린 바다에서 바다를 배우고 바다로 나가자는
해양산업 발전에 동참하기로 다짐도 했다

불교성지인 범어사도 방문했다
대한민국과 베트남 불교정신의 바탕이 일치하다는 의사교환도 있었다
대한민국의 4계절 중 가장 풍요로운 들녘을 부러워하는 베트남 작가들
2일간의 심포지엄 행사는 성황리에 마쳤고
2020년 2월에 베트남에서 만나기로 했었다
코로나로 인해 꿈은 사라졌다

# 꿈

10대에 품었던 꿈은
20대에 날아가고
청춘의 푸른 꿈은
50대에도 이루지 못하고
허송세월

70대가 되니
그 광대하던 꿈은
모두 아쉬움만 남고
여명에 희미한 창문만 보이듯

그러나
꿈을 가진 자만이
꿈을 이룰 것이다

# 제3부 천상의 봄 찾아 떠나시다

# 천상의 봄 찾아 떠나시다
–시인 문덕수

봄을 이기는 겨울은 없다
남양으로 떠났던 봄
계절의 흐름을 기억해 두었다가
길을 잃지 않고 찾아왔다.

남풍 불며 봄비 내리니 동토가 풀리고
대지를 밀어 올리는 여리디 여린 노란 새싹
어디에서 그 무서운 힘이 솟아나는지
물을 퍼 올리기 시작한 나목들의 가지 끝에 가녀린 새순
이슬을 머금고 아침햇살에 반짝인다

봄눈 맞으며 피어나는 붉은 동백꽃
황토밭과 돌담 옆 메마른 땅에 뿌리내린 냉이꽃
산수유 개나리 제주도의 유채꽃이 지상을 노랑으로 물들이고
뒤따라온 벚꽃은 벌 나비 불러 모으며
인파를 끌어 모으는 것은 우리가 최고라 한다

중국발 '우한코로나' 바이러스로 암울한 봄
육이오 참전 상이용사이며
문학계의 대부인 심산 문덕수 원로
오랫동안 병석에 누워 계시면서도

후학들을 위해 '심산문학상'을 제정하여
우수한 시인에게 상을 주신 큰 별

2020년 3월 13일 91세에
천상의 봄으로 떠나셨다
대한민국 문인장으로 대전 현충원에 안장했다

# 초대를 받다

2019년 5월 꽃의 계절
산천이 푸름으로 짙어가는 계절
날씨는 쾌청했으나 때 이른 더위가 극성이다

23일 아침 전화벨이 울렸다
한국 현대시인협회 이사장을 역임하였으며 평의원이신
함동선 선생님(90세, 시인)의 전화였다
바쁘지 않으면 혜화동 사무실로 나올 수 있느냐 하신다

사무실은 생각보다 협소했으며
많은 책들이 쌓여 비좁았다

북쪽 옹진군이 고향이신 이산가족이다
교수님의 걸어오신 생에 대한 많은 이야기를 들려주셨다
나의 성장과정과 살아온 과정을 말씀 드렸더니
서로 상통하는 삶을 살아온 것 같다며 격려해 주셨다

선생님으로부터 과분한 식사대접을 받았다. 그리고
10년 전에 발행한 팔순기념문집과 시 전집 한 권을 받았다
생각지도 못했던 큰 선물을 받았다

더욱 열심히 하라는 채찍으로 받아드리고
쉼 없이 노력하겠다고 약속했다

# 진리

눈으로 보는 것이 아니고
귀로 듣는 것도 아니고
마음으로 헤아리는 아지랑이일 뿐

있다할 수도 없고
없다할 수도 없는
모두는 환생한 하나의 생명

어디서 왔다가
어디로 가는지도 알 수 없는

## 삶의 목표

모든 사람은 각자의 지향하는 삶의 목표가 있다
목표는 자기에게 주어지는 것이 아니라
자기 스스로 만드는 것이다
평생 꽃길을 걷는 사람이 있는가 하면
험한 돌밭과 가시밭을 걷는 사람도 있다

나는 꽃길을 걷는 사람이 될 것이다
내게도 시련이 있을 수 있다는 마음으로 살면서

시련이 닥치면
고통과 맞서 정면으로 헤쳐 나가는 사람
고통을 받아들이고 조용히 반성하며 기다리는 사람
약한 모습 보이면서도 부드럽게 대처하는 사람
고통을 통하여 자비와 사랑을 쌓는 사람
다른 사람에게 잘못한 점을 찾아 반성하는 사람
고통 가운데서도 마음의 문을 여는 사람
시련이 지난 뒤에 고통의 시간을 감사하는 사람

산다는 것은 신나는 일이다
남을 위해 산다는 것은 더욱 신나는 일
내 행복의 삶을 나눔으로서

다른 사람에게 용기와 지혜를 주는 방법

동행의 기쁨, 끝없는 사랑, 이해와 성숙
인내와 기다림을 목표로
사랑하고 용서하는 그런 삶을 살면
그것이 좋은 일이라는 것을 깨닫게 될 것이다

# 명절 대목 전통시장 풍경

경동시장 설 대목
싸다 비싸다 해도 시장은 분주하다

젊은 고객은 찾아보기 어렵고
허리 굽고 걷기 힘든 노인들
배낭 메고 손수레 끌고 장보러 왔다
팔십인 나는 젊은 층이다

손에는 메모지 한 장
보고 또 보며 사야 할 물건을 찾아
인파로 비좁은 상가 이곳저곳 힘겹게 돌며
조상님들께 올릴 음식을 장만하기 위해
정성 담긴 마음으로 좋은 것만 고른다

소고기 몇 근, 닭 한 마리
생선은 동태 살, 조기, 꽃게
더덕과 도라지는 껍질 벗긴 것으로 사고
과일가게에서 밤, 대추, 땅콩, 곶감, 단감이 잘 팔렸으며
야채가게에서는 시금치(동초), 미나리, 삶은 고사리
한과와 검붉게 굳은 엿판이 잘 팔렸다

물품으로 꽉 채운 손수레를 끌고 다니던 노인
메모지를 다시 확인해 본다
살 것을 다 샀는지 허리 펴고
그제야 하늘을 보며 휴~ 한숨
손수레를 힘겹게 끌고 지하철 입구로 간다
계단을 내려가기 힘들어 지나가는 사람들의 눈치를 살핀다
한 시간여 계단 입구에서 상황을 살폈다

가끔 젊은 사람들도 보이지만
인정이 메마른 세상, 경로사상이 퇴색한 사회
누굴 탓하랴, 우리 노인들의 잘못인 걸
그래도 노인들끼리의 인정은 살아 있다
한 노인이 손수레를 승강장까지 끌어다 준다
나도 몇 차례 대합실까지 날라 주었다

# 절(寺)로 가는 길

산속 절집으로 가는 길은 험난하다
일주문을 지나 길게는 몇 백 미터
계곡을 끼고 구불구불
다리도 지나고 물도 건너고
고개나 언덕을 넘는 힘겨운 산길도 있다

대자대비하신 부처님은
길가의 나무 한 그루 풀 한 포기
돌 하나도 모두 중생이라 했다
부처님을 만나러 가는 길을 만드는데
어찌 가벼이 다루랴
본래의 자연을 그대로 살리기 위해
길을 구불구불 돌아가게 만들었다

부처님을 경배하기 전
속세에서 지은 업을 참회하며
마음을 비우고 경건한 마음으로
나를 내려놓고
부처님을 만나 뵙는 예의를 갖추라는 뜻도 있다

# 절개

중국 양무제가 지공선사에게
자신의 스승이 되어 달라고 사신을 보냈다
첫 번째와 두 번째 모두 거절했다
세 번째 온 사신이
이번에도 거절하면 목숨을 지탱하기 어려울 것이라 하니

지공선사는
'육신은 바람이요
마음은 하늘이라
칼로 내 목을 친다 해도
허공을 베는 것'이라 읊었다

사신이 돌아가 고하니
양무제는 껄껄 웃으며
과연 '선사'로다 했다 한다

# 주상절리 2

시루떡을 잘라 켜켜이 쌓아 놓은 듯
커다란 책장에 수백만 권의 책을 진열해 놓은 듯

나는
한 권의 책을 꺼내
갈피갈피에 적혀 있는 수많은
문장들을 읽고 있다

그중 한 편의 시를 필사하려 한다
그러나
수억 년 전에 써 놓은 글들
비바람에 깎이고 깎여 판독하기 어렵다
마음만 답답할 뿐이다

그렇지만
찾아내야 한다
한 편의 시를

# 살다보면

서로 만나 웃기도 하고 울기도 하고
그러면서 사는 것이 인생길인 거지
뭐 그리 잘났다고 자존심만 앞세워
용서와 이해를 못하고
비판하고 미워하는지

사랑하며 살아도 너무 짧은 우리의 삶
무거운 짐만 지고 가는 고달픈 나그네인데
뜨거운 사랑을 하지 않고 베풀지 못하는지
마음의 문을 닫아걸고 미워하고 싸워본들
가슴 한 구석에 깊은 상처만 남을 것을

내 마음의 분수를 적당한 그릇에 담아두고
행복이라 느끼며 살아야 하는 인생길
놀부 같은 만인의 주인공으로 생을 마감하려 하는가
흥부 같은 삶으로 인생길에 동참한다면
슬퍼지는 삶은 없을 것이네

나누지 못한 삶을 살지라도
웃음을 안겨줄 수 있는 이웃과 가족이 있기에
오늘도 행복한 미소로 인생길을 걷고 있네!

## 매미 2

장마, 태풍, 폭우
다 지낸
짧은 여름

매미 울음소리가
지난해보다 적게 들린다

자연 생태계 변화로
수매미가
적게 태어난 것일까

그래도
짝을 찾지 못한
몇 마리의 애절함이
식어가는 여름을 다 녹일 듯
자지러지게 울어 댄다

# 깨달음

바람 불면 부는 대로
구름이 흐르고 나무가 흔들리듯
그렇게 살아왔고

더우면 더운 대로
추우면 추운 대로
그렇게 살아왔지만

어떤 것이 옳고
어떤 것이 그름인지
판단하기 어려운 세상

옳고 그름은
이승을 다할 때에야 알 것이고
저승에 가서나 깨닫게 될 것인지

## 곡우穀雨

곡우는 24절기 중 여섯 번째
음력 3월 중·하순경
청명과 입하 사이에 끼어 있다

농촌에서는 볍씨를 담그고 못자리를 만들고
논에 물을 가두고 논두렁을 다지는 등
풍년을 기원하는 농사철이 시작된다

곡우에 비가 와야 모든 곡물이 잠을 깨고
가물면 땅이 석 자가 마른다는 풍설도 있다

2020년 곡우엔 전국에 비가 내렸다
4일간 계속된 강풍에
기운도 뚝 떨어져 을씨년스럽다

연분홍 진달래 불그레한 얼굴
산수유 개나리 매화 벚꽃
아름답고 고운 마음의 산골소녀
그대를 사랑했었는데

코로나가 봄을 빼앗아 가고

총선 민심도 빼앗아 가더니
어제 내린 비와 연속 불어대는 바람에
산골소녀의 웃음마저 빼앗아 가는구나

곡우에 비가 오면 풍년이 든다고 하지만
지방에 따라 전해 오는 설說이 다르다

강원 평창에선 곡우날 사시巳時를 피해 볍씨를 담그고
경북지역에선 볍씨를 담그기 전날 부부동침을 금하고
구미에선 목화씨를 뿌리며 찰밥을 해 먹고
경남 남해에선 곡우에 비바람 불면 시절이 흉흉하다 했다
경기 포천에선 비가 많이 오면 풍년이 든다 했고
인천 옹진에선 이날 비가 오면 샘구멍이 막혀 가뭄이 든다 했고
전북 순창에선 곡우에 비가 오면 흉년이 든다고 했다

이는 수리시설이 없던 시절 이야기일 뿐
비가 와야 잠자는 대지를 깨우고 농부들의 타는 가슴을 잠재우고
돋아나는 새싹과 새순이 싱그럽게 피어나리

# 인생은 계절 따라

들국화 향기 그윽한
가을 길을 걷노라니
사위어 가는 까칠한 품속으로
소슬바람이 파고든다

쏟아진 누런 밤 한 톨
주워 씹으니
달금한 그 맛에 가을이 녹는다

초가지붕 위에 달덩이 같은 하얀 박
밭두렁에 누워 있는 노랗게 익은 호박
주렁주렁 매달린 익어가는 대추
어릴 적 고향
이제는 옛 모습 찾아볼 수 없고
먼 길 떠나신 부모형제 애달픈 사연만
가슴을 아리게 파고든다

곁에 있던 정든 사람들도 하나 둘
낙엽 따라 먼 길 떠나고
남아있는 사람들마저 멀어져가는
그 모습을 파란 하늘에 그리노라면

하루가 석양빛에 물들어 가는구나

내 인생의 가을은 얼마나 남았을까
갈잎에 젖어가는 가련한 인생

# 길 2

몸이 가는 길이 있고
마음이 가는 길이 있다

몸이 가는 길은 앞으로만 나 있지만
마음이 가는 길은 돌아가는 길도 있다

몸이 가는 길은 걸을수록 지치지만
마음이 가는 길은 멈출 때 지친다

몸이 가는 길은 비가 오면 젖고
바람 불면 흔들려 중심을 잃는다

언제든 몸보다 마음이 먼저 길을 나서야
가정과 사회, 국가가 평안할 것이다

# 잊혀지지 않는 그때 그 시절

1950년 6월
내 나이 열 살 철들 무렵

민족상잔의 전쟁이 발발되어 전세가 악화되니
경찰이 철수하고 나이 든 사람들과 젊은 장정들은
남으로 남으로 피난 갔다

인민군이 들어와
주재소(지서)에 상주하며 지역을 통제하기 시작했다
동네에서 가난하게 살거나
머슴살이하던 사람들과 문맹자들을 불러 모았다
그중 몇 사람에게 붉은 완장을 채워주고
인민군 모자도 씌워 주었다

북에서 내려온 인민군보다 지방 빨갱이들이 더욱 악랄했다
그들은 큰 벼슬이나 한 듯 죽창이나 몽둥이를 들고 다니며
잘 살거나 평소 미워하던 사람들의 집을 수색하기 시작했다
죽창으로 나뭇단이나 짚단을 쑤셔대고 농기구로 독을 깨부수며
이 새끼 여기 숨어 있지 하면서 욕설을 퍼부었다

피난을 가지 못한 몇 사람은 주재소로 끌려갔다

인민군 앞에 무릎 꿇려 놓고 인민재판을 했다
그 새끼 죽여야 한다 하면
최종판결은 인민군이 했다

저녁 때 굴뚝에 연기 나면 적에게 신호한다고 통제하여
난방은 물론 밥을 짓기도 어려웠다
방에 등잔불도 밖으로 새어 나가지 않도록 차광막을 쳐야 했다
저녁마다 주민들을 일정 장소에 모아 놓고
김일성 찬양 노래 연습을 시켰다
농가에 사육하는 가축도 빠짐없이 모두 신고해야 했다
밤이나 낮이나 비행기가 뜨면
어머니 손을 잡고 뒷산 큰 나무를 방패삼아 빙빙 돌았다

빨갱이들에 끌려가 죽은 사람
피난행렬에서 돌아오지 못한 사람도 있었다
지서(현 파출소)에 소사(도우미, 심부름꾼)로 근무하던
전천영이는 경찰과 함께 후퇴하였는데 수복 후에도 돌아오지 않았다
9.28 서울 수복 후 군에 입대했던 조동호도 돌아오지 않았다
지금까지도 생사를 알 수 없다

악랄하게 설치던 지방 빨갱이들은
쥐 죽은 듯 집안에 처박혀 나오지 않았다
동네 사람들은 착했다
그들 중 아주 심하게 행동하던 몇 사람만 경찰에 고발하고
나머지는 동네 어른들과 이장이 훈계로 마무리 했다

하루는 시장에 한 여인이 나타났다
그는 치마폭에 창자를 끌어안고 돌아다니며
경찰과 주민들을 죽이겠다고 울부짖었다
총알이 비껴나가 죽지 않고 창자만 몸 밖으로 나왔던 것이다
경찰이 즉시 체포해 다시 산골짜기로 끌고 가 사살했다

그 시절을 경험하지 못한 자들과 붉은 물이 짙은 무리들은
그러한 사실들은 깨닫지 못하고 적화통일을 꿈꾸고 있다
베트남을 거울삼아 살기를 권한다
만약 적화통일 된다해 그들이 모두 잘살 것 같은가
일시적으로 이용당한 후 살아질 것이다

어릴 적 일이었기에 이제 그만 잊으려하면 할수록
머릿속에 잠재되어 있는 그때 일들이 생생하게 떠오른다

# 경고가 오다

79년을 썼으니 고장 날 때도 됐지
2020년 2월 갑자기 왼쪽무릎이 쉬어야겠다고 항거한다
오른쪽 다리가 더 휘었기에 곧 아픔이 올 것이라 예상은 했는데
휘어지지 않은 왼쪽다리 무릎 통증이 더 심했다
보훈병원 정형외과에서 엑스레이 사진을 찍어보더니
정밀검사가 필요하다며 MRI 촬영을 하란다

겨우 일정을 조정하여 4월 25일 촬영했다
연골이 압축되어 좌우 양옆으로 삐져나와
인대와 혈관에 압력이 가해져 아프다는 것이다
수술해야 한다며
혈액검사 30분 간격으로 4회, 심전도 검사, 엑스레이, 소변검사 실시
5월 29일 수술 일정을 잡았다
수술 며칠 앞두고 병원에서 다시 오라 한다
신장에 조그마한 혹이 하나 있어 소변검사를 다시 해야 한다며
2일분의 소변을 받을 큰 팩 두 개를 준다

6월 10일 입원하여 혈액검사, 엑스레이, 심전도 검사를 다시 했다
6월 12일 수술했다

수술 당일 대기실에서의 대기와 마취시간이 지루했다

수술 후 물꼬가 터지지 않아 아랫배 통증이 심했다
13일 오후 의사의 도움으로 고인 물을 뽑아냈다
그러나 관문이 터지지 않아 고통스러웠다
14일 오후 관문이 터지니 몸이 가벼워 날아갈 것 같았다

통증도 없고 크게 불편하지도 않았다
16일 무릎 교정기를 차고 퇴원했다
2주 후 수술 실밥을 뽑고도
7월 13일까지 교정기를 차고 있어야 한다니
감옥 아닌 감옥에 감금되어 생활해야 했다
6개월이 지나니 불편 없이 걸을 수 있었다

# 간병인이 되고 보니

누구나 부부간에 한 번쯤은 간병인이 된다

아내는 그간 허리가 아프다며
수차례 한의원에 다니며 침鍼을 맞았다
옛말에 침은 일침一鍼이라 했다
병원에 가서 정확한 검사를 받도록 하라 했다

침 맞고 오면 다 나은 듯 며칠은 잘 지낸다

2019년 7월 11일 아침
갑자기 허리가 아프다며 일어나기 힘들어 한다
병원 응급실을 찾았다
X-RAY 촬영결과 상태가 매우 좋지 않아
곧바로 MRI 촬영을 했다
오른편 등쪽 갈비뼈 세 개가 골절 괴사했다

곧바로 입원수속을 거쳐 시술을 받고
하루 만에 가퇴원하여 한 달간 가료 후
8월 7일 X-RAY 검사결과 좋아졌다 한다

2020년 10월

아내의 두 다리가 안짱다리로 걷기 불편해졌다
정형외과 전문의의 진단을 받고
11월에 오른 무릎부터 수술했다

3~4개월 또 간병인이 되어야 할 신세
나는 동반자니까 그렇다 치고
아이들이 많은 고생을 했다
가족 중 한 사람만 아프면 가족 모두가 고생이다

14년 전
내가 생사를 넘나들 때
아내가 간병을 해주었고
아이들이 교대로 도와주었다
그때 가족들의 심정을 이제야 알 것 같다

# 기欺

평생 속고 살아온 나
꿈속에서도 속고 있다

오늘을 살고 있는 나
과거의 그도 그랬을까
윤회전생으로 환생한 그 한 사람일까

오늘도
나는 속으며 살고 있다

# 제4부 대숲은 바람을 잡지 않는다

# 대숲은 바람을 잡지 않는다

입추가 지나면서 매미는 더욱 정열적으로 울어 댄다
빨리 짝을 찾아 사랑을 나누고 떠나기 위함이리라

자연의 이치는 한 번 왔다가 한 번 가는 법

숲속 달팽이는 빨리 달리는 노루를 부러워하지 않고
바다의 거북이는 허공에서 빠르게 비상하는
독수리의 날갯짓을 부러워하지 않는다

행복은 먼 곳에 있지 않고
먼 미래에 있지도 않고
돈으로 살 수 있는 것도 아니고, 단지
마음속에 고요히 흐르는 물줄기처럼 부드럽게 흘러가는 편안함
바로 그것이 행복

걷고, 듣고, 말하고, 보고, 먹을 수만 있다면…
부자는 아니더라도, 때로는 지혜롭지 못해도
내 삶에 감사하면서 밝고 어진 마음으로 살아가리

두 스님이 시주를 마치고 시냇물을 건너려는데
아름다운 한 여인이 물살이 센 하천을 건너지 못해 발만 동동

구르고 있을 때
한 스님이 그 여인을 업어 건네주었다
한 스님은 수도修道 중 여인을 멀리하라는 계율을 깼다고 닦달한다
그러자
여인을 업어 건네준 스님은
나는 벌써 두어 시간 전에 그 여인을 시냇가에 내려놓고 왔는데
자네는 아직도 그 여인을 등에 업고 있는가? 라며 되묻는다
계율에만 집착하여 중생의 어려움에 눈을 감아서는 진정 큰 스님이 되기 어렵다

사람들은 계율과 정석만을 집착하고 소유하려 한다
그러나 자연은 결코 혼자 소유하려 하지 않는다

바람이 대숲에 불어와도 바람이 지나가고 나면 대숲은 소리를 남기지 않고
기러기가 연못을 스쳐 지나가도 연못은 기러기의 흔적을 남겨두지 않는다
대숲은 애써 바람을 잡으려 하지 않고
연못도 애써 기러기를 잡으려 하지 않는다
가면 가는 대로, 오면 오는 대로

자연은 무엇에건 집착하거나 미련을 두지 않는다

스님이 여인을 건네주고 마음 쓰지 않듯
대숲이 바람을 미련 없이 보내주고
연못이 기러기 흔적을 남기지 않듯
계율과 정석에 집착하여 잡아두려 하지 말고
자연의 이치에 맞게 정성과 사랑을 다하여 살았으면

## 처서處暑

누가 바꿀 수 있겠는가
계절의 흐름

태양열이
30도를 넘어 40도 가까이
촌철살인 할 가공할 무더위
지루하던 장마, 태풍 몇 개 지나니
처서의 절기가 돌아왔다

하늘은 높고 빛이 다르다
한낮은 아직 덮지만
조석으로 제법 시원한 바람이 분다
온종일 고역 하던
에어컨이나 선풍기도 쉬어야 할 때가 되었다

며칠만 지나면 백로, 추석이다
어렸을 적엔
추석이 되기를 기다렸었는데
이젠 가는 세월이 야속하기만 하다

## 장미 한 송이

남산자락 장충동
평화통일 자문위원회 울 타고 오른
가시넝쿨장미 한 그루
건망증이 심한 탓일까
치매에 걸려 세월을 읽지 못하기 때문일까
11월에 꽃 한 송이 붉게 피었다

지난 5월에도 피었던 가시넝쿨장미였다

은행나무 잎은 노랗게 물들어 낙엽이 되는데
잎 하나 없는 넝쿨에 붉게 피어 있으니
더욱더 색깔이 곱디곱구나

차가운 가을 빗방울에도 굴屈하지 않고
결혼식장 신부의 볼에 찍힌 연지 같은

# 작은 풀잎처럼 살리라

작다 해서
한없이 작다 해서
주어진 생을 포기하지 않는 작은 풀
하느님께서 작은 풀로 살라 했기에

땡볕은 큰 나무가 그늘 막을 쳐주고
폭풍우도 큰 나무가 먼저 맞고
한설寒雪이 내려도 막아주니

낮아져서
한없이 낮아져서
바람 불면 쓰러졌다 일어나고
폭설에 짓눌리면
녹을 때까지 인내하고
가뭄엔 더 낮은 자세로
흐르는 작은 물소리와 풀벌레 소리 들으며

내 특유한 향기를 나눠주고
작은 종달새의 깃털처럼 흔들며
흐르는 물처럼 바람처럼 구름처럼

썩어가는 세태에 물들지 않고
작은 풀잎처럼 생을 살리라

# 시대를 잘못 타고 태어나다

굶주림에 허덕이며 배고픔을 달래려
된장에 버무린 나물과 풋보리 갈 죽, 찬물 한 바가지
그 시절을 겪었고

민족상잔의 시절
완장만 채워주면 큰 벼슬이라도 한 듯
날뛰며 서로 고발하여
죽이고 죽음을 당하는 것도 봤다

자유민주주의를 지키기 위해
청춘을 바쳤고
조국 근대화와 산업화의 시대를 겪었다

이제 살만하니
야만의 시절이 다시 준동이다
사람이 사람을 감시하고 분류하는 세상

생각하건대
나의 존재는 무엇이며
무엇을 위해 팔순이 넘도록 살았는지
한 시대도 지나지 않은 역사를 뒤집는 현 시대

나라의 흥망성쇠와 후세들의 삶이 걱정이다

시대를 잘못 타고 태어난
나를 원망해야 할 뿐

# 쓸쓸한 거리에서

거리에 수북이 쌓인
낙엽을 밟는 쓸쓸함이여
고추잠자리 하늘 높이 날아오르고
낙엽을 휘젓던 비둘기 날아가니
싸늘한 공기만 감도는구나

저 언덕 하얀 억새
바람에 흩날리니
눈시울 붉히며 시 한 수 읊어보리라

하나둘 곁을 떠나니 섧기만 한데
그래도 언제나 내 곁에 있어 주는
따뜻한 사람 좋은 친구가 있어
온정으로 외로움 달래며
오늘도 내일도 열심히 살리라

소용돌이치는 계절의 뒤안길에서
늘 아쉽고 부족함이 발목을 잡지만
격찬 감동과 기쁨으로 평온을 되찾고

쓸쓸한 거리에 수북이 쌓인 마른 낙엽처럼

황혼열차에 몸을 싣고 달리는
내 인생의 가을도
미련만 남기고 떠나겠지

## 슬며시 찾아온 가을

길가에 푸르름을 잃어가는 풀잎 위에
몰래 내려앉은 새벽 찬이슬
작은 방울 속에
가을이 담겨 있습니다

새벽녘에야 겨우 잠들었던
끝날 것 같지 않던 무더위
긴 장마와 태풍도 소리 없이 떠나가고
창문을 닫게 하는 선선한 새벽바람

가을 같은 것
다시는 없을 줄 알았는데
상큼하게 높아진
파란 하늘 뭉게구름에
가을이 실려 왔습니다

열무김치에
된장찌개 비벼 먹어도
그리운 사람이 함께할
행복한 가을이었으면

# 선착장 풍경

쇠말뚝에 매여 있던 배들
썰물과 함께 만선을 꿈꾸며 먼 바다로 떠난다

선착장엔 짝 잃은
쇠말뚝만 덩그러니 남아 있다

들물과 함께
만선의 깃발을 날리며 배들이 들어온다
배들은 쇠말뚝과 다시 짝을 이룬다

바닷물은 여전히 출렁인다
배는 아직 멀미를 떨치지 못 한다
어부는 잡아온 생선과 무거운 어망을 푼다
갈매기들도 한 몫 달라고 끼룩끼룩 모여든다

경매장이 소란스럽다
순식간에 경매는 끝이 난다
어부들의 표정이 엇갈린다
행복한 웃음
씁쓸한 웃음
내일을 기약하며 가족의 품으로 돌아간다

# 섬

무인도無人島
무심한 저 섬
언제부터 저 자리에 있었는지
정중동靜中動 속 다소곳하다

아랫도리는 짜디짠 바닷물로
하루에 두 번 씻어내고
세찬 파도에 시달리고
짜디짠 해풍에 몸살하면서도

無心히
변하지 않고 있다

# 활엽수

여름 내내 짙푸르던 옷 훌훌 벗어 던지고
벌거벗은 몸으로 손을 호호 불며
하늘 향해 살고 싶다고 애원이다

태초에 무엇을 잘못 했기에
옷을 벗어 발등만 덮고
겨울을 이겨내도록 만들었을까

동안거하며 무슨 꿈을 꾸고 있을까
동사하지 않고 살아
새봄에 다시 새 옷 지어 입고 푸름을 자랑하며
새들과 매미를 불러들여 고운 노래 소리 듣고
사람과 짐승, 미물들, 작은 나무와 숲들에게
뜨거운 햇살을 피하게 만들어 줄 꿈도 꾸며

장수하며 꽃도 피고 열매 맺어
종족 번성을 하려 하는 광대한 꿈도

# 단풍을 보며

또 또 한 해가 저물어 가는구나
단풍을 보며 곱다고 모두들 좋아하지만
단풍은 나무의 한 해 삶이 다 되었다는 것이다
한 잎의 낙엽은 나무의 눈물이 아니련가

젊어서는 울긋불긋 단풍의 계절을 좋아했지만
이제 내리막길에 접어든다는 생각에
왠지 씁쓸하고 서글픔에 눈시울이 뜨거워진다

# 내 사랑 국화여

어느 하늘 아래에 핀들
어떠하랴 내 사랑
너의 고고한 그 자태
보는 것만으로도 기쁨이어라

솔솔 부는 가을바람에 날리는
너의 향기는 천리향 되어
사람들 가슴에 청량제가 되리라

소설小雪에 내리는 차가운 비에 젖어
몸을 움츠리면서도
미움도 사랑으로 받아들이며
떠나는 단풍들의 소리를
마음 편히 듣고 있구나

마지막 가는 애처로운 네 모습
생을 다하는 그날까지
너만을 생각하며 그 사랑 잊지 않으리라
내 사랑 국화여

# 기우

허공은 우주의 공간
하늘도 하나의 공간일 뿐이다

공간에는
눈으로 보이지 않는 공기가 있고
태양, 별, 달, 지구 등 수많은 위성이 상존한다

허공에는 보이지 않는 바람과
물을 지니고 다니는 구름(물)도 있다

그들은 필요불가결한 존재이면서도
때로는 악마로 변신
수많은 인명을 앗아가고 이재민을 발생시키고
지형을 변형시키고 재산을 앗아 간다

인간은
지상이 좁다고, 아니면
명왕성이 사라지고 새로운 별이 발견되듯
지구라는 위성이 멸망할 때를 대비해
공간을 넘어 우주를 선점하려는 경쟁에 불붙었다

그 공간은 무한대다
선점하는 나라만이
지구가 사라질 때 살아남을 것이다

상상하기 싫은 기우지만

# 동백 한 그루

입동 보름 전
한양성곽 안 아카시는
옷을 홀랑 벗은 벌거숭이고
동백나무 옆에 서 있는 모과나무 잎은
단풍 들어 하나둘 떨어지기 시작하고
모과는 늦가을 햇볕에 통통하게
살이 오르며 노랗게 익어가고 있다

동백나무는 도도히 푸름을 잃지 않고
벌써 꽃봉오리를 맺기 시작했다
더 추워지기 전에 봉오리에 살을 올려
한겨울에 쌓이는 눈과 맹추위를 이겨내는
지혜로운 삶의 터득이리라

겨울이 다 가기도 전 일월 말경
하얀 왕관을 뒤집어쓰고
혼기 찬 처녀들이 남자를 보면
부끄러워 볼이 붉어지듯
벙그레 웃는 모습으로 반겨주겠지

# 국화차 한 잔의 행복

따끈한 국화차 한 잔
카페엔 다양한 연령층이 모여 대화중이다

데이트를 즐기는 젊은 남녀
노트북을 펼쳐놓고 공부하는 학생
열심히 적었다 지우고 다시 쓰는 작가 지망생
직장의 문제점 해결책을 논의하는 샐러리맨들
7~8십대 노년들의 인생담과 자녀 자랑

즐거운 대화가 오가면 마음이 가볍지만
가끔 안타까운 대화가 오갈 때면 마음이 무겁다
그들이 감추고 있는 비밀을 엿들은 것 같아
미안한 마음도 있다
그들의 문제가 해결되어
밝고 좋은 이야기가 오갈 수 있기를

10월의 끝자락
삶의 여유와 행복을 느껴보는 시간
따뜻한 국화차 한 잔 마시며

# 故 이중섭의 묘 앞에서

大鄕 李仲燮 畵伯
일제 강점기 평안남도 평원에서
1916년 4월 탄생하여 1956년 9월 서울에서 사망
그는 한국미술사에 찬란한 빛과 같은 큰 획을 그은 화가였다

그의 학교생활은
평양보통고등학교를 낙방하고 오산학교에 입학하여
임용련 미술교사를 만나 그림에 전념했다
1935년 일본 도쿄제국미술학교(현 무사시노미술대학)로 전학하여 그림 전공

결혼생활도 평탄치 못했다
1945년 말 후배인 일본 여자 마사코(한국명 : 이남덕)와 결혼
첫째 태현(1947), 둘째 태성(1949) 두 아들을 두었으나 생활고에 시달렸다
1952년 여름 가족을 일본으로 보내고 홀로 통영에서 생활하며 미술에 전념했다
이때 그린 그림들은 외로움과 싸운 그림들로 [소]에 대한 연작과 [부부] 등
한국미술의 대표작이었다

1953년 도쿄에서 단 5일의 가족과의 해후를 끝으로 이별하고
가난과 싸우며 가족에 대한 그리움을 술로 달래며
활발한 작품 활동을 했다
끝내 가족과 만남의 꿈을 이루지 못하고
1956년 9월 6일 간장염으로 서울 적십자병원에서 타계했다

유작은 총 300여 점
소재는 어린이, 소, 가족, 물고기, 게, 달과 새, 연꽃, 천도복숭아 등
가족을 그리워하는 전통적인 소재들이 많다
대표작으로는 [흰 소]가 있으며
1956년에 유화작품인 [덤벼드는 소]의 연작으로 격렬함과 집념, 우직함과 자연스러움,
야만성, 고뇌와 연민, 환상과 방랑, 갈망, 광기 등이 담겨있는 그림들로
오로지 가족을 그리워하는 마음을 작품으로 표현한 것들이다

묘소는 망우리 공원묘지에 있다
명성에 걸맞지 않게 잔디도 많이 죽어
털 빠지고 뿔 빠진 늙은 소처럼 보였다

원기 넘치는 황소의 그림을 그리던 화백
도축장이나 정육점에 걸려 있는 소의 앞다리만도 못해 보였다
상석床石에는 아들 태현과 태성이라 새겨져 있을 뿐이고
묘비墓碑는 부러져 없어지고 밑동 부분만 남아
'대향 이중섭의 묘비자리'라 쓰여 있다

그는 빈곤 속 평탄치 못한 삶을 살아왔었는데
죽어서도 빈곤을 면치 못하는 것 같아 안타까웠다

# 가을 숲속에서

아침 이슬에 젖은
함초롬히 피어 있는 들국화
그 옛날 해맑게 미소 짓던
너의 모습 같아 다가가 본다

살며시 웃음 지으며
살갑고 따뜻했던 사랑
이제는 맑고 파란 하늘
저편에 숨어 버린 너

오월梧月* 장마와 팔월 땡볕을 피하고
우거진 숲 사이로
간간히 스며드는
식어가는 가을햇빛 받으며
메마른 가슴 촉촉이 적셔
능금처럼 익어가는
너의 모습 보고파

파란 나비 되어
숲속으로 훨훨 날아왔지만
옛 너의 모습은 보이지 않는구나

* 梧月 : 음력 칠월의 다른 이름

# 초정에서 조선을 만나다

약수 중의 약수, 초정약수
바다와 먼 내륙 산간지대에서 나오는 오염되지 않은 지하수
미국의 샤스터, 영국의 나포리나스와 함께 3대 약수로
세계광천학회가 인정하는 초정리 광천수

1444년 세종이 봄과 가을 두 차례에 머물렀던 초정행궁이 있고
세조대왕의 피부병도 이곳에 머물면서 약수로 고쳤다 한다
행궁이 계속 유지되다가 1448년 실화로 소실되었다

1921년 일본인이 개발 상품화했다
그러나 언제부터인가 폐광 처리되어 운영을 중지했었다

초정행궁 광장에 위압감이 느껴지는 외삼문 뒷편에
훈민정음 반포 작업을 마무리하며 국정을 봤다는 편전이 있다
세종대왕이 숙소로 쓰셨다는 침전이 복원되어 있으나
아담하지만 왕의 침전이라기엔 어울리지 않게 초라하다

기왓장의 용머리에서 위엄이 풍긴다
실록에 따라 조선시대 존재했던 행궁의 모습을 그대로 복원
시대상과 세종, 세조의 초정에 얽힌 이야기를 듣고 볼 수 있는
역사의 배움의 장이기도 하다

사라졌던 행궁이 600년의 시간을 뛰어 넘어
2019년 12월 행궁 복원이 완공되었다

나는 초정리 초정행궁에서 조선을 만났다

# 화양구곡華陽九曲*

속리산 국립공원에
화양천을 중심으로 약 3km에 걸친 아홉 계곡
조선 후기 문신 우암 송시열(1607~1689)의 충정 유적들이 남아 있다

제1곡 경천벽擎天壁은 가파른 기암괴석이 솟아 있고
제2곡 운영담雲影潭은 맑은 날에 구름의 그림자가 비친다해 붙여졌고
제3곡 읍궁암泣弓巖은 송시열이 효종의 승하를 슬퍼하며 통곡하였다는 전설의 암벽
제4곡 금사담金砂潭은 금싸라기 같은 모래가 있다는 뜻으로 붙여진 이름
송시열이 정계에서 은퇴한 후 학문을 수행하기 위해 집을 짓고
'암서재巖棲齋'라 명명하였으나
현재 남아 있는 건물은 1986년에 중수한 것이다
암서재 아래 바위에는
'창오운단 무이산공蒼梧雲斷 武夷山空'이라 새겨져 있다
즉 명나라를 숭상하고 청나라를 배척하자는 뜻을 밝힌 글이다
이외에도 근처 암벽에
충성과 효도의 중요성을 강조한 '충효절의忠孝絶義'와
예가 아니면 행하지 않는다는 뜻으로 '비례부동非禮不動'이란 글

도 남아 있다

성운을 관측할 수 있다는 제5곡 첨성대瞻星臺

구름에 닿을 듯 높이 솟은 장군의 능을 닮았다는 제6곡 능운대陵雲臺

용이 누워 있는 형상이라는 제7곡 와룡암臥龍岩

백학이 바위에 둥지를 틀고 알을 낳아 새끼를 길렀다는 제8곡 학소대鶴巢臺

'파곶'이라고도 불리며, 흰색 바위로 이루어진 제9곡 파천巴串

수려한 자연경관과 조선시대 유교관련 유적이 조화를 이룬
역사적 환경적 가치를 두루 갖춘 명승지

* 2014년 대한민국의 명승 제110호로 지정

# 제5부 진주 남강 유등축제

현충원에서
위험한 항로
암울한 세상
惡은 善을 이기지 못한다
희망의 끈을 놓지 말자
하늘공원에서
운현궁
월정사
진주 남강 유등축제
비암사에서
봉평에서
복사꽃마을
날개 없는 새가 되다
판관대判官垈와 봉산서재蓬山書齋
북한산에서
경주 남산
태화강 십리 대숲 길
간절곶
장생포에서
붉은 우체통 하나
부활
개가 무섭게 짖어대는 이유
세상사
폭풍전야

# 현충원에서

경자년 1월 9일
포병연합회 회원 일동이
순국선열과 애국지사
자유민주주의 수호를 위해 목숨을 바친 용사들과
무명용사들의 넋이 잠든 살아 있는 애국의 현장
동작동 국립 서울현충원을 찾아 참배했다

2019년 현충일에 대한민국 대통령 문재인이
6.25남침의 원흉 김원봉을 숭배하는 인물이라며
좌우 통합의 상징과 국군의 뿌리로 일컬으며
6.25남침을 인정하지 않고 한국전쟁이란 말로
역사를 미화하려는 망언을 했던 곳

일제압박 하에 독립운동을 같이 했어도 독립 후
북으로 넘어가 공산당원으로 남침했던 원흉들을
독립유공자라 칭호하는 문재인 대통령
그를 대한민국 대통령으로 인정해야 하는지?

현충문에서 합동참배를 마치고
포병장교였던 박정희 대통령 묘역으로 가는 길에
잠들어 있던 18만2천여 위의 혼령들이 일제히 일어나

한 맺힌 눈빛으로 바라보며 함성을 지른다
'지금 나라의 안녕이 위태롭다고'

포병연합회 회원들은 묘역에서 내려와
포병 현충관에서 먼저 가신 포병 선배들에 대한 참배도 했다

여기는 민족의 얼이 서린 곳
조국과 함께 영원할 임들이시여
자유민주주의 대한민국 국민들은
이 언덕에 잠드신 임들을
영원히 잊지 않으리라

## 위험한 항로

허공에 흘러가는 구름
꽃 같기도 하고
새 같기도 하다
보는 눈이 달라서다

무심히 흐르는 세월
빠르다고 한탄하는 사람도 있고
느리다고 지겹게 생각하는 사람도 있다
세월의 흐름이 달라서가 아니다

망망대해에서 항로를 잃고 있는
대한민국 호는 침몰 직전이다
좌현해야 할지 우현해야 할지
판단이 어렵다

구름과 세월의 흐름을
다르게 표현하는 것도
서로의 생각과 삶이 다르기 때문이고
대한민국 호의 가는 길도
서로의 생각이 다르기 때문일 뿐이다
허나
가서는 안 될 길을 가는 것 같다

# 암울한 세상

나는 앞 못 보는 맹인도 아니고
청각장애인도 아니며
심신장애자도 아니기에

세상만사 더 밝고 크게 보려고
눈을 크게 부릅뜨고
귀를 활짝 열고 들으려 해도
내가 찾는 길은 여전히 암울할 뿐이다

겪어보지 않은 세상
망망대해에 떠도는 건지
히말라야 산맥에 갇혀 있는 건지
세상이 어두운 건지
내가 세상에 어울리지 못하는 바보인지
길은 점점 더 어두울 뿐이다

참고 견디다 보면
밝은 햇빛과
광명의 길이 보일는지

# 惡은 善을 이기지 못한다

행운의 여신을 만난
뿌리가 깊은 나무와 풀은
폭풍우와 엄동설한을 잘 이겨낼 수 있다

서슬 퍼런 숨결들은
거품을 물고 태풍같이
앞뒤 분별없이 몰아쳐
자신들만의 목표를 이루기 위해
마음 맞는 사람들끼리 손을 끌어 잡고
칼날을 휘두르며
뭇 새들의 볼멘소리도 모르는 듯
성급히 둑을 쌓는다

둑은 얼마 가지 않아
물이 새기 시작한다
온몸으로 틀어막아도
걷잡을 수 없는 수압을 이기지 못해
터져버리고 만다

거품은 태양빛을 이기지 못하고
제풀에 사그러지지만

뿌리 깊은 풀과 나무는 서두르지 않고
따스한 햇볕과 이슬이 내리기를 기다리며
뭇 새들의 응원을 받으며
선善은 서서히 자리를 되찾을 것이다

# 희망의 끈을 놓지 말자

어쩌다가
이렇게 되었는지
날마다 미친바람이 날뛰고
세상이 어지럽게 흔들려
숨 가쁜 우울증에 시달린다

신선하고 상쾌한 가을빛에
하얀 허기를 채워보려 했더니
까맣게 타는 어두운 가슴은
더욱더 까맣게 타들어 가는구나
새로운 희망은 사라지고
드높은 비취빛 가을 하늘은
벽공 속으로 빨려 드는구나

코스모스가 화사하게 하늘거리고
풍요가 강물처럼 출렁대는 들녘
이 아름다운 결실의 계절에
찬란한 불꽃이 피어나리라
힘찬 용기를 불사르며 기대했건만
희망의 나래를 펼치기가 어렵구나

낙엽이 찬바람에 쫓겨가듯
황량한 벌판으로 떠미는
매서운 미친바람에
갈 길이 멀고도 험하구나
앙칼진 찬바람이 몰아쳐도
육신은 빛바랜 낙엽처럼 움츠리지 말고
모욕과 아픔을 잊어버리고

희망의 나래를 펼칠 꿈의 끈을 놓지 말자
언젠가 그 날을 기다리며

# 하늘공원에서

바람이 차갑다
늙은 억새들은 어깨동무하며 바람을 피하고 있다

앞을 보니
새우젓 배나 소금배가 드나들던 마포나루터
뒤편에는 북한산

이곳은
쓸모없는 쓰레기가 쌓여 만들어진 동산
사람들은 오염된 지역이라 살 수 없다 하지만
억새들은 살기 좋은 옥토라 주장한다

우리가 젊고 푸르렀을 때는
푸른 정기를 받아 가려 청춘 남녀가 모여들고
늙으니 흰 머리칼이 보기 좋다고 찾아온다
그러나 날카로운 잎에 피를 볼 수 있다

올해도 많은 자식들을 키웠지만
자식들이 떠나가 정착할 곳은 내 마음대로 할 수 없다
바람이라는 중매쟁이에 의해 결정 된다
운 좋은 놈은 내 주변에서 함께 살고

북한산 등 좋은 곳에 자리를 잡지만
운이 없는 놈은 한강에 빠져
수장되어 생을 마감하는 놈도 있다

자식들이 잘 살고 못 사는 것은
어느 곳에 정착하느냐에 따라 삶이 다르겠지만
이 세상 만물의 운명은 태어날 때부터 주어지는 것

# 운현궁

왕실문화의 전당 운현궁

경복궁 덕수궁은 알아도
운현궁은 잘 모르고 살아왔다
이곳은 조선 26대 임금인 고종이 즉위하기 전에 살았던 잠저潛邸로
생부 흥선대원군의 집이다
흥선대원군은 이곳에서 10여 년간 집정하면서
어린 아들을 대신해 섭정했다

운현궁 안에는
흥선대원군이 국정을 논의하던 노안당, 안채인 노락당
손님을 맞이하는 별당인 이로당과 영로당을 세워 운영도 했다
고종 전용 경근문과 흥선대원군을 위한 공근문이 있었으나
현재는 남아 있지 않다
규모나 격식, 평면 모양을 보아 궁궐내전에 가깝다
흥선대원군 사망 후
큰아들인 이재면을 거쳐 손자 이준용에게 상속되었으나
한국전쟁 이후 상당 부분이 팔려 규모가 크게 줄었다

운현궁에서는 고 조리서古 條理書*를 근거로 매년 10월

궁중의 수라상과 사대부가의 9첩 반상차림, 사상체질 테스트 체험,
음식만들기, 시식과 시음, 윷놀이, 제기차기, 전통 종이접기
궁중과 사대부가의 복식 전시와 착복 실험, 상품타기 투호놀이도 즐길 수 있다

9월과 10월에는 전통다실과 역사콘서트
구름재 놀이마당도 운영한다

* 조선시대 궁중 요리법을 기록해 놓은 책

# 월정사

오대산자락 조계종 제4교구 본사 월정사
60여 개의 사찰과 암자를 거느리고 있다
신라 선덕여왕 12년(643년) 자장율사에 의해 창건 이후
1400여 년 동안 한암, 탄허스님 등 이름난 선지자들이 머물던 곳
국보 48호인 팔각 9층 석탑과 보물 석조보살좌상과 부도군을 비롯한
수많은 문화재가 있다

일주문을 지나 구불구불한 길
범인이 경전에 들기 전
속세에서 지은 업을 참회하며 들라는 뜻으로 만들어졌다
수백 년 된 전나무들이 즐비하게 늘어서 있다
공기가 맑으니 정신도 맑아진다

다비식장[*]으로 가는 길이 있다
60년대 초 전우 한 명 장작더미에 화장하던 생각이 뇌리를 스쳐 지났다
중생들이 입불 시 머리를 깎아 구덩이에 넣고 평평한 돌로 덮어 놓는 삭발대도 있다
나는 잠시 생각에 잠긴다

누구의 머리 위에 서 있는지
철거하지 않고 보존하는 무속인의 집도 보인다
이는 교의 진리인 모든 종교를 감싸 안고 수행하라는 의미로 보존하고 있다 한다

삼림은 우거졌으나 소나무가 보이지 않는다
유래인즉
겨울에 한 스님이 상좌스님에게 공양을 들고 가던 중
소나무 가지에 쌓여 있던 눈이 떨어지면서 공양을 못 드렸다는 것이다
그 말을 들은 상좌스님께서 껄껄 웃으시며
몹쓸 소나무라며, 사찰에 있는 모든 소나무는 사라지라 했다 한다
그 후로 경내에 들어가는 길에서는 소나무가 모두 사라졌다는 것이다

흐르는 계곡 물에 금강연이라는 소沼도 있다
맑고 시린 물에서 열목어가 헤엄치며 노닐고 있다
청류다원淸流茶院에서 차 한 잔 앞에 놓고
금강연의 맑고 고운 물소리에 심취해
詩 한 수 구상해 본다

* 다비식장 : 스님들이 입적할 때 화장하는 곳

# 진주 남강 유등축제

진주 남강 의암義巖
논개열사가 왜장을 끌어안고
강물에 뛰어들어 생을 마친 곳

그대는 아는가
암울한 역사의 그림자
촉석루 난간에 걸터앉아 강물에 떠내려가는
하늘과 강물에 둥둥 오색의 수천수만 등불을 보니
420년 전 혈루가 오늘인 듯

논개열사가 유등 사이에서 춤을 추고
수천의 의병과 시민들이 절규하면서 떠다니고
왜장과 왜군의 혼들이 혼비박산 되어 천방지축
강물에 얼비쳐 떠다니는 것 같다

죽은 왜장도 히죽히죽 웃다가 미친 듯
하하 웃어대기도
밤새도록 불꽃과 축포 소리가 마치
아군과 적군이 싸우는 듯했다

남강 십리를 떠내려가는 혼들은

금세 내 앞에 나타나
뱃노래에 맞춰 춤을 추다가
일순간에 모두 사라지기도 했다

남강 십리 유등축제는
그들의 붉은 숨결과 깃발의 외침
촉석루를 뒤로하고 남강의 붉은 물은 사라지고
불빛에 얼비친 혼만을 남긴 채
도도히 흐르는 장렬함
나는 그들의 혼과 함께 하룻밤을, 그렇게

# 비암사에서

세종특별자치시 운주산(460m) 자락에 위치한 삼한고찰
법계중생함령 등 극락왕생을 아미타부처님께 기원하는
백제 영산대재를 지내는 곳

산자락이 셋인데
좌우의 산자락은 아래로 길게 쭉 내려뻗다 오므라들었고
가운데 자락은 긴 양 자락으로 둘러싸인 중간에 짧은 자락
학이 양 날개로 알을 포근히 감싼 형상의 명당에 비암사가 있다
천년 넘은 느티나무 몇 그루가 웅장한 자태로 사찰을 지키고 있다

1960년대 비암사 3층 석탑의 정상 부분에서 '사명군상'인
국보 제106호 계유명전씨아미타불 삼존상이 발견되었다
백제 멸망기인 673년에 전씨 등 백제 유민들이
여덟개의 석불비상을 만들어 시납했고
백제의 부흥을 위해 역대 임금과 대신들
칠세망부모의 영혼을 달래기 위해 지은
천도사찰로 백제의 마지막 사찰이다

2019년 행사시
비가 오락가락 궂은 날씨였다

괘불이운을 펼치고 명종 타종과 한글 반야심경도 낭독했으며
비암사 주지 노산스님의 봉행사
대한불교 조계종 제6교구 마곡사 본사주지 원경스님의 추도사
세종시장과 천안전씨 종친회장의 추모사로 이어졌다
일어나라 화려했던 백제의 영혼이여

목말라 하던 대지에 촉촉이 내리던 비
백제 영령들의 눈물인지
행사가 끝나자 비도 멈추었다
개화한 벚꽃과 목련꽃이 더욱 화려하고 싱그럽다

2019.4.14. 행사에 참여

## 봉평에서

이효석의 '메밀꽃 필 무렵'이 생각나
메밀꽃 풍경을 보러 갔다

허생원과 동이가 걸었을 그 길
달빛 내린 산허리 넓게 펼쳐진 메밀밭
선녀가 꽃밭에 내려온 듯
은방석을 펼쳐 놓은 듯
아니 소금밭을 보는 짜릿한 기분이다
누가 감히 그 유혹을 뿌리치랴
이곳을 찾는 모든 이는 혼을 빼앗긴다

4~50년대 심한 가뭄에 모내기를 못할 때
메밀을 논밭에 심었었다
그 가뭄에도 하얀 꽃을 피웠다

달이 서산으로 이지러지니
하얀 드레스의 그 여인도
새하얗던 세상도 모두 사라진다

## 복사꽃마을

–소사

지난 세월 봄마다
불이 난 듯
활활 타고 있었지
차가운 봄비에도
꺼질 줄 모르고

나는
불꽃 구경 가곤 했었지

그 불꽃
영원하리라 믿었건만
개발에 떠밀려
불꽃은 꺼지고 말았지

## 날개 없는 새가 되다

1,458m의 웅장한 발왕산
수백 년 묵은 나무들이 빽빽하게 숲을 이룬 산세
어느 누가 이 험난한 높은 산에
동계올림픽 활강스키장을 만들리라 생각이나 했겠는가
이 덕에 케이블카와 곤돌라가 설치되었다
발왕산은 반항 한번 못하고 자리를 내어 주었다

평창군은
관광객이 한 명뿐이라도 시티투어를 운영한다
해설사의 해설을 들으며 새장 같은 케이블카에 탔다

날개 없이 하늘을 날았다
3.7km의 산악 케이블에 몸을 맡기고
9분 만에 웅장한 발왕산을 정복했다

중간 중간 산봉우리들이 있어
오르락내리락 수차례 반복
하늘을 나는 기분과 싱그러운 자연의 정취를 느낄 수 있었다
오를 때보다 내려올 때 아래를 내려다보는 경광이 더욱 좋았다

정상엔

살아 천년 죽어 천년이라는 주목이 삶과 죽음을 함께하고
한약재 소화제로 쓰이는 마가목도 열매가 붉게 익었다

날개 없는 새가 되어 하늘을 날았다
새들이 하늘을 나는 기분으로

# 판관대判官垈와 봉산서재蓬山書齋

판관대는 율곡 이이의 잉태지인 집터
당시 수운관을 지내던 이이의 아버지
이원수가 휴가를 얻어
백옥포에 거주하던 신사임당을 보러 왔다가
정을 나누곤 했던 곳이다
신사임당의 품에 청룡이 안기는 꿈을 꾼 후
율곡을 잉태했다는 집터이지만
현재는 판관대라는 입석 간판 하나뿐이다

봉산서재는
1890년대 조선의 어지러운 정세 속에
지역의 유생들이 율곡과 같은 성현이 잉태된 곳임을 상기
자긍심을 높이고자 이야기를 퍼뜨린 것이 궁중에 전해지자
현종 3년에 사패지와 영정을 내려주고
봄, 가을로 제향케 했다
1906년 지역 유생들이 성금을 모아 봉산서재를 건립했다

한국전쟁 때 소실되었으나
1968년 지방민들이 현 위치에 다시 건축했다
대지 약 일곱평의 작은 규모에
자연석 기단과 기초 위에 세워진 작은 건물

서재 안에는
율곡 이이와 구한말 의병활동으로 유명했던 화서 이항로의
위패와 영정이 같이 모셔져 있다

서재엔 주목할 만한 유물은 없지만
율곡이 10만 양병설을 제창했던
역사적 사례와 연결되는 곳으로 작은 규모의 서재지만
이이의 사상을 전래하기 위해 세워진 뜻 깊은 건물이다

# 북한산에서

주말이면 등산행렬로
몸살 앓는 북한산

거대한 숲은 경제자원과 환경자원이며
국민의 건강보고健康寶庫 자산이다

전쟁과 화목으로 황폐화되었던 국토
산림녹화 사업을 시작한 지 어언 60년
이제 우리의 산림도 푸른 산을 이루었다
그러나 아직도 자연에 대한 고마움을 모르거나
마구잡이 개발로 산림이 훼손되는 안타까움도 있다

산림녹화 사업은 자연재해 예방
국민의 건강을 지키는 목적
야생 짐승들의 보금자리를 마련하는데 있었다
언제부터인지 주인이 바뀌었다
그들이 양보한 것일까

산에 오르면 신령스러운 기운을 받으며
자연의 이치를 배우며 산과 하나가 되어 오른다
숲에서 뿜어내는 상큼한 향내는 마음을 편안케 하는 흥분제였고

‘피톤치드’의 맑은 공기로 건강을 찾을 수 있다
공자가 말씀하신 ‘인자요산仁者樂山’을 생각하게 한다

바람이 호들갑스럽게 존재를 알리며 지난다
정상에서 내려다본 시내는 녹지가 부족한
삭막한 콘크리트 숲이다

넉넉한 산의 품에 안겼다 내려오니 기운이 샘솟는다
숲의 중요성을 새삼 느꼈다

# 경주 남산

신라의 천년고도 경주
남산은 40여 계곡과 산줄기로 이루어졌으며
한창 겨울 준비 중이었다
왕릉 13기, 산성 4개소, 절터 150여 곳, 불상 130구
석등 연화대 등이 있다
천불암 마애불은 화강암 미륵불이다

신라의 종교는 불교였음을 여실히 짐작케 했고
남산에는 수많은 사찰과 암자가 있었던 것으로 추정된다
현재도 수많은 사찰과 암자가 있으며
유네스코유산 경주역사 유적지구 5개 지구 중에 포함되어 있다

조선시대(1846) 흥선대원군이
아버지 남연군의 무덤을 예산에서 이곳 폐사廢寺 자리로 옮긴 후 성공했고
그 이후로 폐사 자리에 생긴 무덤이 6천여 기가 넘었다 한다

불국사의 화려한 야경을 바라보며
촛불 켜고 기도하면
소원이 이루어진다는 전설도 있다

나도 가져간 촛불을 켜고 합장했다

천 년 전 부처님의 정기가 서려있는
경주 남산에서

# 태화강 십리 대숲 길

태화강 강변 십리에 이르는 대숲 경관
지친 마음과 몸을 달래기 좋은 휴식 공간

십리 대숲은
전국 관광객이 접근할 수 있는 친화적 관광 명소로
2017년 열린 관광지로 선정되었다가
2019년 7월 국가정원으로 지정되었다

태화강 중심엔
아름다운 태화루가 있어 경관이 더욱 좋은 관광 명소이며
강 상류에 있는 선바위는 기암절벽과 백룡담이 어우러져
한 폭의 그림 같은 풍광이다

가을 태풍 '하기비스'로
물이 범람했던 자국이 선명하게 남아 있고
강변 갈대숲은 휩쓸고 지나간 물결에 지쳐 누워 있었다
강인한 대나무도 곳곳에 비스듬히 누워 있는 것이 보인다
태풍을 이기지 못한 대나무는 날카로운 톱날에 잘려 나간다

그것을 보며
우리 인간도 약한 사람은 살아남지 못하고

도태될 것이라는 회의를 갖게 했다
대숲 길을 걷는 즐거운 여행이었지만
한편으론 가슴 아픈 여행이었다

# 간절곶

동남아에서 해가 가장 먼저 떠오른다는 간절곶

시월 하순 늦은 오후라 싸늘하고
식당가는 텅 빈 상태였다
해거름의 파도가 바위에 부딪혀
잉태하는 하얀 거품이 장관이다

시詩보다 아름답다는 간절곶의 푸른 하늘
애간장을 태우던 전설 속 주인공들의
피맺힌 한이 붉게 물들어 변한 것은 아닌지
먼 수평선 하늘에는 뭉게구름 두둥실

아직 어둠이 가시지 않은 여명 고요 속
수평선 넘어 바다와 하늘을 붉게 물들이며
치솟는 저 붉은 햇살

장엄한 교향곡을 울리며 고요함 속에서 시네마스코프로
우주의 신비를 무아지경에 빠져들게 한다
세상 모든 만물이
해오름을 사랑으로 반기며

침묵 속 행복과 건강한 삶을 빌며 환호한다

그리운 것은 항상 저만치 바라보이는 거리에 있다
빈다고 모두 다 이루어질지는 의문이지만

# 장생포에서

고래문화 특구 장생포
태풍 '하기비스'의 여파로 파도가 다소 높지만
오늘도 해신이 출몰할 것 같다
고래사냥을 하던 기억을 모두 잊은
삭막한 바다와 해변

고래전문 박물관엘 갔다
고래사냥에 사용하던 도구들의 변천과정을 둘러보고
돌고래 수족관을 갖춘 고래생태 체험관도 구경했다
유치원생들이 고래의 종류와 사냥에 대한 해설사의
설명에 귀를 쫑긋이 세우고 듣고 있다

80년대 중반까지 고래사냥을 했던
포경선 제6진양호를 구석구석 돌아보았다

일본은 국제해양법을 위반하고 고래사냥을 하지만
대한민국은 고래사냥을 하지 않는다

고래 고기를 수입에 의존하다보니 값이 너무 비쌌다
회를 먹지 못해 아쉬웠지만
고래 고기 된장찌개로 아쉬움을 달랬다

## 붉은 우체통 하나

간절곶 붉은 우체통
해오름의 광채를 받으니
더욱 붉게 보인다

입은 떡 벌리고
아래는 자물쇠로 꽁꽁 채워져 있다
담당의사 외에는 뱃속 치료는 불가하다

언제 누가 무슨 사연으로
뱃속을 채울지 모르는 일
일주일에 한번 의사가 찾아와 속을 청소한다

어젯밤
가족의 건강과 행복
나를 아는 모든 사람들과
어디로 흐를지 모르는 나라의 평화를 위해
기도하는 마음으로 써놓은 한 장의 편지
하느님 앞으로 발송했다

# 부활

지난 가을 붉게 물들었던 단풍이
겨우내 떨어지거나 말라비틀어진 자리에
새순이 돋고 있다

살 에는 맹추위가 지나니
그 조그맣던 새순은 어느 순간 놀랍도록
준비하고 기다렸다는 듯
톡!
눈을 뜨고
하나 둘
세상 밖으로 잎과 줄기를 밀어 올리고 있다

그 작은 새눈에
저렇게 많은 줄기와 잎을 만들어 내다니
경이롭고 신기하다

뿌리만 살아 있다면 언제든 부활할 것이다
그들만의 생존비법일 것이다

# 개가 무섭게 짖어대는 이유

토종인 삽살개는
점잔하고 부드러운 성격으로
저에게 해를 끼치지 않으면
으르렁대거나 무섭게 짖어대지 않는다
그러나
적으로 판단되면 그 싸움을 이겨야 끝이 난다

진돗개나 일반 잡종은
모든 것을 무서운 적으로 생각해
선제공격할 듯 흰 이빨을 드러내고 으르렁대며 무섭게 짖어댄다
그러나
싸움의 끝은 패하고 만다

격언에 '방귀 뀐 놈이 성'을 낸다 하듯
거짓은 언젠가 드러나게 된다

## 세상사

모든 세상이 미쳐 있으니

어느 것이 진실이고

어느 것이 거짓인지

분별하기 어렵구나

# 폭풍전야

어떤 큰 일이 벌어지기 전 침묵이 흐르듯

2020년 8월 31일
9호 태풍 마이삭이
한반도에 상륙한다며
2003년 매미보다 위력이 더욱 상하다 한다

9월 2일 새벽
꿈결에
맑은 하늘엔 별이 총총 빛나고
바람 한 점 없는 고요한 날씨에
반딧불이가 하늘 높이 날고 있다
잠에서 깨어 창문을 열고 보니
나뭇가지 하나 흔들리지 않고
하늘에는 엷은 구름만이 흐르고
가랑비가 조금 내리다가 그쳤다

아침 6시 방송에서는
오늘밤부터 내일까지 고비일 것이라며
태풍 대비에 만전을 기해 달라
제주도와 남쪽에서는 태풍의 영향을 느낀다지만
서울은 고요의 정적만 흐를 뿐
대한민국의 앞날도 폭풍전야